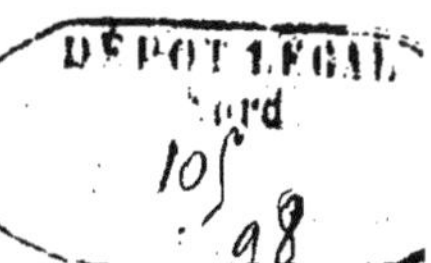

VIE

DE

SAINT AUGUSTIN

PAR LE

P. ANTONIN TONNA-BARTHET, O. S. A.

ILLUSTRÉE DE 29 GRAVURES.

Société de Saint-Augustin,

DESCLÉE, DE BROUWER ET Cie.

1898.

VIE DE SAINT AUGUSTIN

SAINT AUGUSTIN DANS LE DÉSERT.
Peinture du Guerchin conservée dans l'église de Saint-Augustin à Rome.

VIE

DE

SAINT AUGUSTIN

PAR LE

P. ANTONIN TONNA-BARTHET, O. S. A.

ILLUSTRÉE DE 29 GRAVURES.

Société de Saint-Augustin,

DESCLÉE, DE BROUWER ET Cie.

1898.

AU RÉVÉRENDISSIME PÈRE

THOMAS RODRIGUEZ

Vicaire-général de l'Ordre des Ermites

de Saint-Augustin.

AVEC L'APPROBATION DES SUPÉRIEURS.

IMPRIMATUR.

Cameraci, 18 Januarii 1898.

J.-B. CARLIER,
Vic.-Gen.

PRÉFACE.

Tout est enseignement dans la conduite de ceux que Dieu destine à exercer une salutaire influence sur les hommes. Leur éducation, leur vie de famille, leurs actions en apparence les plus éloignées d'un but religieux, leurs défauts, leurs chutes même peuvent servir d'instruction, soit comme exemple, soit comme avertissement.

Parmi ceux que l'Eglise a pris plaisir à adopter comme ses enfants de prédilection, plusieurs ont commencé par les plus grands égarements et ne sont arrivés à la sainteté qu'après avoir éprouvé l'amertume et le dégoût des jouissances matérielles. C'est le spectacle que nous offrira la vie du grand Docteur d'Hippone. Il eut à lutter contre l'entraînement de l'erreur et des passions pour arriver à se dégager des exemples dangereux, des impressions mauvaises et du brouillard épais qui cherchait à l'envelopper de toutes parts.

Ce livre s'adresse spécialement aux jeunes personnes qui éprouvent le vide et les dégoûts des plaisirs du monde, à celles qu'ils a rejetées brisées et découragées, comme à celles qui, ignorantes encore, placent le bonheur dans l'affection, et s'égareront peut-être en suivant les sentiers obscurs où l'égoïsme peut les entraîner. Pour toutes Augustin sera un ami dévoué; à toutes il dira : Le bonheur, ou plutôt la voie qui y conduit, n'est pas là, il est en Dieu, parce que notre âme sera toujours inquiète, agitée et tourmentée jusqu'à ce qu'elle se repose en Lui (1) !

Nantes, le 30 novembre 1897.

1. *Conf.* Liv. I.

VIE DE SAINT AUGUSTIN

CHAPITRE PREMIER.

Saint Augustin naquit le 13 novembre de l'an de Notre-Seigneur 354, à Tagaste, ville d'Afrique, sous le règne de Constance. Son père, nommé Patrice, était païen et d'un caractère dur et violent ; mais sa mère, sainte Monique, sut, par sa douceur persévérante et son éminente vertu, triompher entièrement du cœur de son époux et vaincre son obstination dans les erreurs du paganisme. A la pratique fervente de la religion véritable, elle joignait une ardente piété, et était déjà dans le mariage un exemple de pureté, de modestie et de sagesse, comme elle fut plus tard, dans la viduité, le modèle accompli des véritables veuves dont parle saint Paul. Elle éleva Augustin dans la crainte de Dieu, et voici en quels termes celui-ci raconte, dans le premier livre de ses *Confessions*, l'éducation sainte et sérieuse reçue dès son jeune âge (1) :

« Dès ma plus tendre enfance, j'avais entendu parler de la vie éternelle, dont nous avons reçu la promesse par l'abaissement de Notre Seigneur, descendu jusqu'à notre orgueil ; à peine sorti du sein de ma mère, qui avait mis en vous, ô mon DIEU, toutes ses espérances, j'avais été marqué du signe de la croix, et fortifié par le sel mystérieux (2). »

La pénétration et la vivacité de l'esprit d'Augustin percèrent bientôt les ténèbres ordinaires de l'enfance, et Patrice, son père, en fut si frappé, qu'il résolut de faire étudier son fils de très bonne heure et sans attendre l'âge où se développe complètement l'intelligence. Ne voulant rien négliger pour cultiver les heureuses dispositions de cet enfant précoce, capable d'arriver, par la science, à la fortune et aux honneurs, il l'envoya aux écoles de Tagaste. Mais l'exercice d'épeler et d'assembler des syllabes déplaisait tant à

1. Conf. liv. I, chap. XI.

2. On donnait le sel à ceux que l'on recevait au nombre des catéchumènes.

Augustin, et lui paraissait tellement indigne de son esprit, qu'il ne s'y appliqua d'abord que par contrainte et sans goût. Plus tard, cependant, tout en condamnant les motifs qui avaient fait

FRONTISPICE DE LA VIE DE SAINT AUGUSTIN

(Par Sch. Bolswert, graveur flamand du XVIIe siècle.)

agir son père, il remercia DIEU de ce qu'on l'avait ainsi obligé à étudier dès son enfance « Il est vrai, dit-il dans ses *Confessions*, qu'on m'y forçait, mais il en résultait un bien pour moi, quoique je ne puisse dire qu'en cela je faisais bien, n'apprenant que contre ma volonté ; car, encore que ce que l'on fait soit bon, on fait mal ce que l'on fait malgré soi. Ceux mêmes qui me forçaient à étudier ne faisaient pas bien, car ils ne voyaient pour moi dans ces études, auxquelles ils m'appliquaient forcément, d'autre but que d'assouvir les insatiables désirs d'une richesse indigente et d'une gloire pleine d'ignominie; mais le bien qui en résultait venait de vous, ô mon Dieu !... (1) »

Le saint s'accuse en même temps des fautes qu'il commettait en obéissant à ses maîtres ou en ne s'acquittant point de ses devoirs de la manière qu'on l'exigeait de lui, et cela, non par défaut de capacité, mais par amour du jeu. Il avait une particulière aversion pour le grec, dont la grammaire lui paraissait hérissée de difficultés insurmontables, mais il acquit de bonne heure une parfaite connaissance de la langue latine, les poètes latins faisaient ses plus chères délices, et il ne pouvait s'empêcher de relire sans cesse leurs ouvrages : les descriptions que fait Virgile

1. Conf. liv. I, chap. XII.

du cheval de Troie et des voyages d'Énée à Carthage, le récit fabuleux de la mort funeste de Didon le charmaient tour à tour, ou l'attendrissaient jusqu'aux larmes. Dans le premier livre de ses *Confessions*, Augustin s'accuse encore de ces émotions comme d'un grand crime : « Quelle plus grande misère, dit-il, que d'être insensible à sa propre misère ; de pleurer la mort que Didon se donne pour trop aimer Enée, et de ne point pleurer celle qu'on se donne, faute de vous aimer, ô mon DIEU !... (1) »

La lecture des poètes lui fut cependant d'une grande utilité : non seulement elle perfectionna son langage, mais elle développa encore les facultés de son esprit, surtout celle de l'invention, qui fait les génies créateurs. Elle lui communiqua aussi cette sublimité des pensées et des expressions, qui élève la nature au-dessus d'elle-même ; cette facilité à s'exprimer avec élégance et à rendre les choses de la manière qui convient ; enfin ce talent de savoir employer à l'occasion les traits forts et hardis et les images pittoresques.

1. Conf. liv. I, chap. XIII.

C'est à cette époque, qu'étant tombé gravement malade, Augustin demanda le baptême, mais le danger ayant promptement cessé, Patrice en fit remettre l'administration à un autre temps.

L'enfant, ayant atteint sa treizième année et appris les premiers éléments des lettres dans sa patrie, fut envoyé à Madaure, ville voisine de Tagaste, pour y continuer ses études et commencer la rhétorique. Mais là encore, les maîtres ne suffisent bientôt plus au savoir et à la perspicacité de l'intelligence du disciple, et son père, poursuivant son dessein, résolut de le conduire à Carthage, malgré les frais considérables que le séjour de cette ville devait lui occasionner. Il n'était pas riche, mais il voulait faire tous les sacrifices possibles pour seconder les heureuses dispositions de son fils. « Tout le monde louait mon père, dit Augustin à ce propos, de ce que, sans avoir égard à l'insuffisance de ses ressources, il fournissait ainsi à son fils les moyens d'aller au loin continuer ses études. Combien, en effet, de citoyens plus riches refusaient de faire de pareils sacrifices pour leurs enfants ! Et cependant, ce même père ne se mettait point en peine de m'établir dans la crainte de DIEU à mesure que j'avançais en âge (1). »

Mais la position de fortune de Patrice était si modeste, qu'avant qu'il eût pu réunir les fonds

SAINT AUGUSTIN QUITTE ROME POUR SE RENDRE A MILAN.
Fresque de Benozzo Gozzoli (XVe siècle), existant dans le couvent des Augustins à Sienne.

nécessaires au séjour d'Augustin à Carthage, il se passa bien du temps, et l'écolier resta un an à Tagaste dans l'oisiveté la plus complète (2).

1. Conf. liv. II, chap. III.

2. Conf. ibid.

« Les ronces des désirs impurs, dit-il lui-même, s'élevèrent alors au-dessus de ma tête, et il n'y avait là aucune main pour les arracher. Hélas ! oserai-je dire que vous gardiez le silence, ô mon DIEU, quand j'étais si loin de vous? Est-il vrai que vous étiez alors muet pour moi ? N'était-ce pas vous qui me parliez à l'oreille par la bouche de ma mère, votre servante fidèle ? Mais rien n'en descendit dans mon cœur pour l'inviter à obéir ! Elle voulait, en effet, et je me souviens qu'elle me le recommanda en secret, avec une sollicitude extrême, me voir fuir tout amour impudique et surtout l'adultère. C'étaient pour moi des conseils de femme auxquels j'eusse rougi d'obéir. C'étaient cependant les vôtres, et je ne le savais pas ; je pensais que vous vous taisiez et que c'était elle seule qui me parlait ; elle, par qui, pourtant, vous me parliez !.. Aussi, c'était vous-même que je méprisais en elle, moi, son fils, le fils de votre servante et votre serviteur ! Mais, je le répète, je ne le savais pas et je me précipitais dans le mal avec tant d'aveuglement, qu'au milieu de mes compagnons j'étais honteux de n'être point arrivé au même degré de libertinage qu'eux, quand je les entendais se vanter de leurs débauches et se glorifier d'autant plus qu'ils étaient plus infâmes ; et ainsi j'aimais le crime, non seulement pour l'attrait qu'il m'offrait en lui-même, mais encore pour en être applaudi. Qu'y a-t-il de plus digne de blâme que le vice ? Et cependant, par crainte du blâme, je devenais plus vicieux, et quand l'occasion ne s'était point présentée d'égaler les débauches des plus éperdus, je me vantais de ce que je n'avais pas fait ; j'avais peur de paraître d'autant plus méprisable que j'étais moins corrompu, et d'autant plus vil que j'étais plus chaste. Je suivais la fougue de mes passions ; un nuage, de jour en jour plus épais, me cachait sans cesse, ô mon DIEU, la pure lumière de votre vérité. »

C'est avec ces paroles si profondément humbles et repentantes qu'Augustin raconte les égarements de sa jeunesse, cherchant par cette confession, par ses larmes, par sa confiance en DIEU et son recours à sa miséricorde, à réparer ses désordres et ses fautes. Il veut, par là, mon-

1. Conf. liv. II, chap. III.

trer à ceux qui marchent dans cette voie, les amertumes et les ténèbres qui accompagnent toujours les volontés coupables, et aussi les châtiments qui en sont le résultat dès cette vie.

CHAPITRE DEUXIÈME.

Augustin arriva enfin à Carthage vers la fin de l'année 370, âgé de dix-sept ans. Là, il continua sa vie de dissipation et de désor-

L'ARRIVÉE DE SAINT AUGUSTIN A MILAN
ET SA PREMIÈRE ENTREVUE AVEC SAINT AMBROISE.
Fresque de Benozzo Gozzoli.

dre, d'autant plus facilement que cette grande ville était un foyer de perversité et de corruption pour toute l'Afrique proconsulaire. Son apparition dans les écoles fit sensation, car il possédait déjà plusieurs langues, et l'éloquence qui jaillissait naturellement et sans effort de son âme, étonnait non seulement ses condisciples, mais ses maîtres eux-mêmes. L'ardeur extrême avec laquelle il se livrait aux études, et la passion qu'il apportait à cultiver la poésie, faisaient déjà pressentir qu'il serait un jour la gloire du barreau de Carthage.

« Ces études, dit-il, auxquelles je m'appliquais, et qu'on regarde comme celles qui sont le plus dignes d'occuper les honnêtes gens, m'ouvraient le chemin du barreau, et je me flattais déjà de l'espérance d'y exceller, et d'y acquérir cette malheureuse gloire qui se mesure par ce que l'on a d'adresse à déguiser la vérité ; car les hommes sont assez aveugles pour tirer vanité d'un tel aveuglement ; et ce qui me donnait de telles espérances, c'est que je tenais déjà le premier rang dans l'école du rhéteur, et que j'étais tout enflé de la joie de me voir si avancé (1). »

1. Conf. liv. III, chap. III.

Cependant ce qui faisait le plus grand charme de la personne d'Augustin, c'est qu'au milieu de ses plus brillants succès, il restait toujours timide et réservé.

« J'étais bien plus posé et plus retenu que les autres écoliers, dit-il encore, et j'étais bien éloigné des excès que commettaient les *démolisseurs ;* mais je vivais au milieu d'eux, éprouvant je ne sais quelle honte de ne pas leur ressembler (1). »

Un condisciple du fils de Monique nous apprend qu'il passait alors pour un jeune homme *ennemi du trouble* et aimant l'*honnêteté*, de sorte que les désordres dont le saint s'accusa plus tard, quoique coupables devant DIEU, ne furent jamais scandaleux pour les hommes. Au reste, le cœur d'Augustin était trop droit et trop honnête pour se plaire longtemps dans la compagnie de tels écoliers, et son âme, qui n'était esclave du vice que parce qu'elle n'avait pas le courage de rompre ses liens, aspirait à quelque chose qui pût la remplir et la satisfaire. Elle était vide de DIEU et tourmentée par une inquiétude indéfinissable.

1. Conf. ibid.

« Mon âme, dit-il, défaillait, vide de vous, ô mon DIEU, et pourtant ce n'était pas de cette faim que j'étais affamé ; je n'éprouvais aucun désir des aliments incorruptibles, non que j'en fusse rassasié, mais parce que, plus j'en étais vide, plus ils m'inspiraient de dégoût (1). »

La passion des spectacles, à laquelle Augustin se livra dès son arrivée à Carthage, acheva de le pousser dans l'abîme ; le théâtre avait alors pour lui un charme irrésistible, comme il le confesse lui-même : « Je me laissais entraîner aux spectacles, qui m'offraient autant de peintures de mes misères que d'aliments au feu qui me dévorait, dit-il ; je partageais la joie de ces amants unis par les liens du crime, bien que ce ne fût qu'un spectacle sans réalité ; et lorsqu'ils venaient à se perdre, j'éprouvais pour eux une douloureuse compassion ; l'un et l'autre de ces sentiments me charmaient également, car, pour moi, j'aimais la douleur, et je cherchais des sujets de douleur. Dans ces infortunes de théâtre, infortunes étrangères et fausses, le jeu d'un histrion

1. Conf. liv. III, chap. 1.

ne me plaisait, ne m'attachait jamais par un charme plus puissant que quand je sentais les larmes couler de mes yeux. O mon DIEU, faut-il s'étonner que, pauvre brebis errante, éloignée

SAINT AUGUSTIN SOUS LE FIGUIER.
Par Sch. Bolswert.

de votre troupeau et rebelle à vos soins vigilants, je fusse souillé d'une lèpre si honteuse ?.....
De là me venait cet amour pour les émotions douloureuses, non pas toutefois jusqu'au désir d'en être pénétré jusqu'au fond de l'âme, car je n'eusse pas aimé souffrir ce que je voyais, mais

il me plaisait que le récit de semblables fictions effleurât mon cœur. Cependant, comme l'action irritante des ongles envenime une tumeur, de même la corruption de mon cœur s'en accroissait et se trahissait par des plaies infectes et corrompues. Telle était ma vie !... mais, était-ce une vie, ô mon DIEU ?... (1) »

Les représentations passionnées du théâtre et les rencontres qu'il y fit, l'entraînèrent dans les chutes qu'il prévoyait et lui firent contracter des nœuds qu'il désirait depuis longtemps. « Enfin, dit-il encore, je me précipitai dans l'amour où je souhaitais d'être pris. Je fus aimé, j'en vins aux liens secrets de la jouissance et, joyeux en apparence, je m'élançai vers ces nœuds pleins d'angoisses, pour être bientôt déchiré par les verges brûlantes de la jalousie, des soupçons, des craintes, des colères et des querelles !... (2) »

De cette liaison, Augustin eut un fils, Adéodat, que plus tard il n'osait plus appeler que le fils de son péché. Il n'avait encore que dix-neuf ans et

1. Conf. liv. III, ch. II.

2. Conf. liv. III, ch. I.

déjà il avait goûté à tous les plaisirs du monde, et ces plaisirs avaient creusé un vide affreux dans son cœur ; ce cœur si grand sentait qu'il lui manquait quelque chose pour être heureux, et poursuivait avec toute l'ardeur de son être cet idéal inconnu, qui semblait s'enfuir sans cesse et se dérober à toutes ses recherches. Errant dans le secret de quelque solitude ou dans les rues splendides de Carthage, Augustin, oppressé par des aspirations vagues, incertaines et sans but, allait, demandant à tout ce qu'il rencontrait quelque chose qui pût remplir son âme, étouffante et sans vie dans la prison des réalités de la terre.

Si jeune encore, si violemment battu par les tempêtes des passions, en proie à tous les doutes, le fils de Monique dépassait cependant du côté de l'intelligence, de la science et de l'éloquence, toutes les espérances qu'avaient fait concevoir les succès brillants de son adolescence. C'est alors que le livre intitulé *Hortensius* lui tomba providentiellement entre les mains, et que cette exhortation à la philosophie le ravit et le fit changer entièrement de sentiments. Ses pensées, toutes basses et terrestres, se relevèrent subitement ; il méprisa le monde, la fortune, l'ambition, le succès, et commença à tourner vers DIEU toutes les aspirations de son âme. « Ce livre, raconte-t-il lui-même, changea mes sentiments et donna un autre cours à mes désirs et à mes vœux, en me portant à n'adresser qu'à vous, ô mon DIEU, mes prières et mes souhaits. Le monde me sembla vil et je brûlai tout à coup d'un amour incroyable et d'une ardente passion pour cette sagesse immortelle, et je commençai à me lever pour retourner vers vous, ô mon DIEU ! (1) »

C'est sous cette impression et dévoré de ce désir d'atteindre à la vraie sagesse, qu'Augustin ouvrit les saintes Ecritures ; mais, pour « goûter l'Évangile, dit un auteur de ce siècle, il faut un esprit humble, un cœur pur et en paix ; les esprits orgueilleux ne sont pas dignes d'entendre de tels mystères et les cœurs troublés n'en sont pas capables... (2) »

1. Conf. liv. III, chap. IV.

2. Bougaud, *Vie de sainte Monique*, p. 126.

Aussi, Augustin ne put comprendre ce livre si simple en apparence, mais toujours si sublime et si voilé de mystères. La Bible lui sembla indigne d'être mise en comparaison avec la majesté cicéronienne et, dès les premières lignes, il la rejeta.

— « Je dédaignais d'être petit, dit-il, et je prenais l'enflure de mon orgueil pour la véritable grandeur ! (1) »

2. Conf. liv. III, chap. V.

CHAPITRE TROISIÈME.

Ce fut précisément cet orgueil de l'esprit qui exposa le fils de Monique aux séductions des hérétiques, car ceux-ci, le voyant avide de vérité, se vantèrent de lui faire connaître la nature des choses et flattèrent habilement ses aspirations, en exaltant outre mesure à ses yeux le pouvoir de la raison humaine. Ils lui dirent qu'il n'y avait point de mystères, et que Manès enseignait que la raison pouvait se rendre compte de tout, tandis que les catholiques, esclaves de l'Église, étaient incapables d'aucune science. Augustin, plongé dans le vide et le doute, les écouta, les crut, et une fois tombé dans leur piège, y demeura neuf ans.

«..On a bientôt fait, dit Mgr Bougaud, de dire qu'Augustin tomba alors dans une hérésie ridicule, la moins appuyée et la plus déraisonnable de toutes. En droit, rien de plus vrai ; car, quoi de plus absurde que de supposer deux principes éternels, l'un du bien, l'autre du mal ; deux dieux, ennemis, irréconciliables, ne pouvant ni se tolérer, ni se vaincre ?... Quoi de plus absurde que d'admettre deux âmes dans l'homme, l'une qui le pousse à la justice, l'autre qui le détermine au péché ?... Et, non seulement quoi de plus absurde, mais quoi de plus immoral ? Il ne faut pas dire si haut à l'homme qu'il est entraîné au mal par une nécessité fatale, de peur qu'il ne tressaille de joie en se sentant dégagé de toute liberté et de toute responsabilité, et qu'il n'effraie le monde par l'immensité de sa corruption. C'est là sans doute la doctrine de Manès, mais il se fût bien gardé de la présenter ainsi ; il n'y a que la vérité dont la beauté parfaite n'ait pas besoin de voiles !... L'erreur en emprunte toujours au temps où elle apparaît, aux idées et aux passions des hommes, afin qu'on ne la voie pas telle qu'elle est ; et quand on connaît l'état de l'esprit humain et de la société au IVe siècle, il n'est pas difficile de dire d'où venait, à la doctrine de Manès, l'incontestable charme qu'elle exerçait alors (1). »

« A côté de la question éternelle, ajoute Mgr Bougaud, celle de DIEU et de l'âme, se trouvait aussi traitée dans ce système la question tempo-

1. Bougaud, ch. VI.

relle, celle de la société. Le monde souffrait alors comme il a rarement souffert, et toute doctrine qui eût passé indifférente à côté de ses douleurs, et n'eût pas promis un remède, n'aurait pas ému une seule âme. Aussi, le Manichéisme annonçait la réforme nécessaire du monde, avec une amélioration complète de ses lois, de ses mœurs, de ses institutions, et une régénération immédiate et totale par la prochaine effusion du Saint-Esprit. Doctrine un peu mystique, avouez-le, et qui séduirait peu d'âmes aujourd'hui, mais qui convenait à merveille à une époque où l'on n'espérait plus rien de l'homme, et où le monde, découragé, voyant que les efforts des empereurs chrétiens n'aboutissaient pas plus que ceux des Césars païens, sentait que DIEU seul pouvait le tirer de l'abîme (1). »

Augustin ne cherchait que la vérité, et comme ces hérétiques lui promettaient qu'il arriverait bientôt à la connaître, il crut un moment avoir trouvé le but qu'il poursuivait depuis si longtemps. Aussi, à peine eut-il été admis, comme

1. Bougaud, ch. VI.

LA CONVERSION DE SAINT AUGUSTIN.

Par Benozzo Gozzoli.

auditeur, dans la secte manichéenne, qu'il y porta toute l'ardeur et toute la sincérité de sa nature. Rempli de zèle pour la propagation de cette doctrine, il convoqua les catholiques à des conférences, où, malheureusement, il eut toujours le dessus (1).

« De tels triomphes enflaient mon cœur, a-t-il dit plus tard, et le conduisaient peu à peu à ce qui est le plus grand péril de ceux qui errent : l'opiniâtreté et l'entêtement (2). »

Tous les amis d'Augustin le suivirent et embrassèrent ses nouvelles doctrines, entr'autres : Alype, Honorat, Nébridius, et même Romanien, son bienfaiteur. Mais ce beau et grand génie ne put rester longtemps dupe des impostures manichéennes ; il s'aperçut bientôt que les initiés et les pontifes pratiquaient d'horribles profanations, et à peine ses yeux se furent-ils ouverts que son zèle se refroidit ; il s'arrêta et douta de la sincérité de leurs dogmes.

Il faudrait être un saint pour comprendre les

1. Saint Augustin, *De duabus Animabus*, chap. IX.

2. Conf. liv. III, chap. VI.

angoisses de Monique lorsqu'elle apprit que son fils, reniant sa foi, avait embrassé l'hérésie. Augustin, cherchant une comparaison pour nous faire mieux concevoir cette inconsolable et immense douleur de sa mère, nous dit d'abord que ses larmes coulaient sans cesse, semblables à des fleuves qui ne tarissaient jamais; puis, mécontent de cette image incomplète, il ne trouve qu'une parole qui puisse traduire sa pensée, et rendre le chagrin de Monique : « Hélas ! une bête féroce a dévoré mon fils !..... Elle me voyait mort en effet, dit-il, et par cette foi et cet esprit qu'elle tenait de vous, ô mon Dieu, ses supplications montaient jusqu'à vous, pendant que vous me laissiez toujours me rouler et me plonger dans les ténèbres de l'erreur et du vice (1). »

Augustin avait alors vingt-et-un an, et ayant achevé, cette même année, le cours de ses études à Carthage, il retourna à Tagaste pour y enseigner la rhétorique. Sainte Monique l'attendait avec une anxiété inexprimable, et lorsqu'elle se fut assurée de l'apostasie de son fils, elle lui dé-

1. Conf. liv. III, chap. XI.

clara, avec une vive indignation, qu'elle ne le souffrirait plus, ni à sa table, ni sous son toit, et lui ordonna de sortir immédiatement de sa maison, pour n'y plus reparaître. On ne résiste pas à de tels ordres, et Augustin se retira chez Romanien (1).

Quand ce fils de tant de larmes sortit de la maison d'où elle venait de le chasser si énergiquement, et dans un magnifique élan de foi et de courage, cette mère, aussi tendre que forte, sentit toute son énergie l'abandonner un instant, et, épuisée par l'effort héroïque qu'elle venait de faire sur elle-même, elle tomba à genoux, éclatant en sanglots et adressant à DIEU une fervente prière (2).

Le Seigneur exauça les supplications de son admirable servante ; il lui envoya un songe qui la consola un peu et lui rendit l'espérance.... « Il lui sembla, dit saint Augustin, être debout sur une règle de bois, et voir auprès d'elle un jeune homme tout brillant de lumière, avec un visage

1. *Contra Academicos*, lib. III, cap. II.

2. Conf. lib. III, cap. XI.

LE BAPTÊME DE SAINT AUGUSTIN.

Par Benozzo Gozzoli.

gai et souriant, qui lui demanda quel était le sujet de sa douleur et des torrents de larmes qu'elles répandait tous les jours. Il lui fit cette question avec un air qui montrait qu'il voulait apprendre quelque chose de bon à celle qu'il interrogeait. Elle lui répondit qu'elle pleurait la perte de mon âme, continue Augustin dans ses Confessions ; alors il ajouta : « Tenez-vous en repos ; ne voyez-vous pas que ce fils que vous pleurez est là où vous êtes (1) ? Et elle, regardant plus attentivement, me vit sur la même règle où elle était. »

Profondément émue, Monique courut chez Romanien trouver son fils, pour lui raconter le songe qu'elle avait eu. Augustin s'efforca de l'interpréter à son avantage en disant à sa mère : « Courage, car dans un jour vous embrasserez mes doctrines !.... » Mais celle-ci répondit sans hésiter : « Non, il ne m'a pas dit : Tu seras où il est, mais : Il sera où tu es !... »

Cependant cette héroïque chrétienne ne pouvait se consoler de l'apostasie de son enfant, et

1. Conf. liv. III, chap. XI.

l'idée seule d'avoir un fils hérétique lui faisait peur. Craignant de le blesser inutilement, elle évitait toute discussion avec lui, mais suppliait toutes les personnes éclairées qu'elle connaissait, de se rendre près de lui pour entrer en controverse et chercher à le convaincre. Un jour, un saint évêque étant arrivé à Tagaste, Monique alla le voir, et lui demanda d'avoir quelques entretiens avec Augustin; mais le prélat, refusant pour des raisons qu'Augustin lui-même apprécia plus tard, dit à Monique : « Laissez-le faire, et contentez-vous de prier le Seigneur pour lui !...» Puis, il raconta à la pauvre affligée, qu'ayant lui-même été mis entre les mains de ces hérétiques par sa mère qu'ils avaient séduite, il avait, non seulement lu, mais transcrit la plus grande partie de leurs livres ; et que, sans que personne ne fût entré en discussion avec lui et n'eût cherché à lui ouvrir les yeux, il avait reconnu combien cette secte était détestable.... et qu'il s'en était retiré de lui-même.

Mais Monique ne se rendait pas à ces raisons et ne cessait de conjurer ce saint évêque d'entrer en matière avec son fils; aussi le Pontife, comme fatigué de tant d'instances, lui répondit un jour : « Allez, continuez ainsi ; il est impossible que le fils de tant de larmes soit perdu pour toujours !.... »

Lorsqu'on réfléchit sur l'extravagance de l'hérésie des Manichéens, on se demande avec étonnement comment un si grand et si profond génie a pu seulement les écouter. Mais, comprend-on mieux que saint Pierre, le plus zélé de tous les apôtres, ait renoncé JÉSUS-CHRIST ?..... Plus ces exemples sont terribles et incompréhensibles pour nous, plus ils sont propres à nous convaincre du néant de l'homme, et à nous faire adorer la profondeur impénétrable des jugements de DIEU, qui, pour faire éclater la puissance de sa grâce, laisse quelquefois tomber dans le dernier abîme de l'aveuglement et du péché, ceux qu'il veut faire monter à un plus haut degré de sainteté et de lumière !...

CHAPITRE QUATRIÈME.

A L'ÉPOQUE où Augustin avait commencé à donner des leçons à Tagaste, il avait rencontré, parmi ses compagnons, un jeune homme que la communauté d'études et la conformité d'inclinations lui avaient rendu très cher ; et par l'ascendant de cette amitié si vive, il avait détourné cet adolescent des sentiments de la vraie foi, pour lui faire embrasser les superstitions et les erreurs qui faisaient verser tant de larmes à sainte Monique. Mais un an ne s'était pas écoulé qu'une maladie mortelle conduisit l'ami d'Augustin aux portes du tombeau et vint briser leur mutuelle union. « Comme on désespérait des jours de ce compagnon si cher, dit le fils de Monique, on le baptisa à son insu, et sans que je m'en misse en peine, persuadé que j'étais, que les cérémonies faites sur son corps insensible, n'effaceraient pas dans son âme les impressions qu'il avait reçues de moi. Aussi, dès que je le vis soulagé et en pleine connaissance, j'essayai de tourner en ridicule le sacrement qu'il avait reçu, espérant qu'il partagerait mes sentiments à cet égard. Mais il eut horreur de moi comme d'un ennemi, et avec une liberté qui me surprit d'autant plus que je m'y attendais moins, il me déclara que si je voulais être son ami, je devais cesser de lui tenir un pareil langage. Peu de jours après, en mon absence, ce compagnon si cher fut repris par la fièvre et mourut. Enlevé ainsi à ma folle affection, il fut accueilli dans votre sein, ô mon DIEU, pour y faire un jour ma propre consolation (1). »

« La douleur de cette perte, continue Augustin, couvrit mon âme de ténèbres ; je ne voyais de toute part que l'image de la mort, la patrie m'était un supplice, et la maison paternelle un incroyable tourment. »

Vainement les amis de l'affligé cherchaient à le consoler et à le distraire, sa douleur était si forte, qu'il succombait sous son poids. « Les larmes seules, dit-il, avaient pour moi des douceurs, et pouvaient remplacer pour mon cœur les délices de mon amitié ! » Craignant sérieusement pour la santé d'Augustin, ses compa-

1. Conf. liv. IV, chap. IV.

gnons lui conseillèrent de quitter sa ville natale et de se retirer à Carthage, ce qu'il fit, espérant du changement de lieux et des travaux auxquels il serait obligé de se livrer, quelque adoucissement à sa douleur. A peine arrivé dans la grande cité, il y ouvrit une école de rhétorique et y fut accueilli avec de chaleureux applaudissements ; mais, en même temps, il commença à se dégoûter des extravagances des Manichéens. Il ne trouvait point chez eux la science qu'ils lui avaient annoncée et promise, et à chaque question un peu difficile qu'il leur posait, ils le renvoyaient à Fauste, un de leurs évêques et l'oracle de la secte. Enfin, pour le rassurer et le calmer, ces hérétiques annoncèrent un jour à Augustin l'arrivée de ce maître fameux à Carthage, et le fils de Monique espéra trouver près de lui l'éclaircissement tant désiré de ses doutes ; il l'attendit avec impatience, et alla le trouver dès qu'il fut dans la cité ; mais la conférence qu'ils eurent ensemble et le peu de satisfaction qu'il en retira ouvrit les yeux d'Augustin et le convainquit que Fauste n'était qu'un beau parleur, s'exprimant avec facilité, mais dont on ne tirait pas plus de lumières que des autres Manichéens ; il avait le jugement trop solide pour se contenter d'une pure forme ; aussi, désespéra-t-il de découvrir la vérité dans cette secte trompeuse, mais ne sachant où trouver rien de meilleur et restant éloigné par ses préjugés de l'Église catholique, il se détermina à rester comme il était, jusqu'à ce qu'il pût rencontrer quelque chose de plus raisonnable et de plus satisfaisant (1).

Il continua donc ses leçons, mais les violences des étudiants de Carthage le fatiguèrent bien vite, et leurs invasions dans les écoles, leurs révoltes continuelles et l'impuissance des maîtres à maintenir l'ordre et à abolir cette détestable coutume, le décidèrent à se rendre à Rome, où la jeunesse passait pour être plus studieuse et plus tranquille. L'ambition du fils de Patrice souriait devant la perspective d'une scène plus haute et d'un plus large horizon, et il partit pour la capitale du monde, croyant suivre les vues de cette ambition, mais poursuivant, à son insu, les desseins providentiels et miséricordieux de Dieu

1. S. Possidius, *Vita S. P. N. Augustini*, cap. 1.

sur lui. Monique apprit la nouvelle résolution de son fils avec un profond chagrin et elle accourut à Carthage pour l'empêcher de partir, ou du moins pour partir avec lui ; or, cette décision n'entrait pas dans les plans d'Augustin, qui

SAINT AUGUSTIN, APRÈS AVOIR REÇU L'HABIT NOIR ET LE CAPUCHON DES MAINS DE SAINT AMBROISE, REÇOIT LA CEINTURE DE CUIR DES MAINS DE L'ERMITE SIMPLICIEN

voulait absolument se rendre à Rome et s'y rendre seul. Un jour donc que sa mère l'avait accompagné sur le rivage,il lui fit croire qu'il allait accompagner jusqu'au navire un de ses amis qui s'embarquait, et la persuada de passer la nuit dans une chapelle voisine de la mer et dédiée à saint Cyprien. Monique, confiante dans les promesses de son fils, y consentit et, pendant qu'elle priait, le vaisseau leva l'ancre et partit, emmenant son Augustin (1).

« Ainsi, je mentis à ma mère, dit notre saint dans ses Confessions, et à une telle mère !.. et je lui échappai ! Que vous demandait-elle, mon DIEU, par ses larmes, si ce n'était de ne pas me laisser partir ?.... Pour vous, par un dessein plus profond, vous avez exaucé le principe de ses vœux ; et, si vous n'eûtes point égard alors aux prières qu'elle vous adressait, ce fut pour opérer en moi ce qu'elle ne cessait de vous demander. »

Comment dépeindre la douleur de Monique quand, le lendemain matin, elle sortit de la chapelle et s'aperçut que le navire avait disparu, emportant le fils de ses larmes ?... Elle erra longtemps sur le bord de la mer, remplissant le rivage de ses cris et de ses sanglots. Enfin, épuisée et brisée par le chagrin et sentant bien

1. Conf. liv. V, chap. VIII.

qu'elle n'avait aucun moyen de rejoindre le fugitif, elle se résigna à rentrer à Tagaste.

Pendant que cette mère affligée pleurait de loin sur son enfant prodigue, celui-ci arrivait à Rome, vers la fin de l'année 384, et était atteint d'une maladie dangereuse, dont il ne guérit que par les soins de son ami Alype, qui l'avait suivi et l'entoura alors du plus tendre dévouement. A peine Augustin eut-il recouvré la santé, qu'il commença à enseigner la rhétorique dans l'école grecque de Sainte-Marie ; mais les écoliers romains ne lui déplurent pas moins que ceux de Carthage, car, s'ils n'étaient pas turbulents, ils étaient ingrats et, le jour où il s'agissait de donner au professeur les honoraires de ses leçons, ils désertaient l'école. Ce procédé dégoûta de Rome le fils de Monique et lui fit porter ses regards sur la chaire vacante de Milan. Il venait d'arriver de cette ville, dans la capitale, des députés de l'empereur Valentinien le Jeune, pour demander au préfet Symmaque un professeur de rhétorique. Augustin, chaleureusement recommandé, ayant donné des preuves de son mérite et de sa capacité, obtint cette place et partit pour Milan. Là, il répondit aux belles espérances que l'on avait conçues de lui, et il acquit bien vite cette grande réputation qui le suivait partout. Saint Ambroise lui témoigna particulièrement la plus haute estime, pendant qu'Augustin, désireux de faire connaissance avec cet évêque célèbre, qui passait pour un homme très éclairé, allait assidûment l'écouter quand il instruisait son peuple. Il voulait apprécier cette éloquence si vantée et s'assurer que la réputation du pontife était entièrement méritée (1).

« Je demeurais, dit saint Augustin, comme suspendu tout entier à la parole d'Ambroise, tout en n'ayant que du mépris pour sa doctrine ; j'étais flatté de la douceur de ses discours, plus forts et plus solides, il est vrai, que ceux de Fauste, mais qui avaient moins de grâce et de séduction, dans le tour et l'expression, en tout ce qui concerne la diction. Quant aux pensées, nulle comparaison n'était à établir, car l'un se perdait dans les rêveries des Manichéens, tandis

1. Conf. liv. V, chap. XIII.

que l'autre enseignait la plus saine doctrine du salut. »

Et cette doctrine qu'annonçait si admirablement le saint évêque de Milan, faisait insen-

SAINT AUGUSTIN VISITE LES ERMITES DE CIVITA-VECCHIA ; IL COMMENCE SON TRAITÉ DE LA TRINITÉ ; AVERTI PAR L'APPARITION D'UN ANGE, IL REMET A PLUS TARD LA SUITE DE CETTE ÉTUDE.

siblement impression sur le cœur du jeune professeur, et y jetait des semences de vertu et de sainteté qui devaient germer avec le temps. Augustin en arriva promptement à se demander s'il ne devait pas se mettre au nombre des catéchumènes, et c'est dans cet état d'esprit que Monique le trouva quand, ne pouvant plus vivre loin de son fils, elle le rejoignit à Milan. Bientôt, connue et estimée elle-même de saint Ambroise, elle se mit sous sa direction, lui confiant avec son âme celle de son fils, car elle croyait entrevoir le jour prochain et béni où, renonçant aux superstitions de l'hérésie, Augustin deviendrait le champion et l'apôtre de l'Eglise dans sa patrie.

CHAPITRE CINQUIÈME.

DANS le spectacle des luttes longues et pénibles de la nature et de la grâce qui bouleversèrent l'âme d'Augustin, les pécheurs peuvent trouver une image frappante de ce qui se passe souvent dans leur propre cœur ; et chaque détail de ce combat intime, chaque défaite et chaque victoire, fournissent un vaste sujet de méditations et d'exemples pratiques à tout esprit sérieux et à tout cœur généreux qui, après avoir imité le fils de Monique dans ses égarements, voudraient vaillamment le suivre dans son admirable conversion.

Attiré de plus en plus par l'éloquence de saint Ambroise, Augustin allait fréquemment l'entendre, peu à peu ses préjugés tombaient, et il s'apercevait que l'Église catholique n'était pas ce que les Manichéens lui avaient dit, et qu'elle n'enseignait aucune des erreurs que sa propre ignorance lui avait reprochées si injustement. D'autre part, la lecture de Platon réveillait, dans son âme, cet enthousiasme pour la recherche de la vérité, qui avait fait vibrer son cœur quand, à l'âge de dix-neuf ans, il avait lu pour la première fois l'*Hortensius* de Cicéron.

« Je me sentais vivement pressé, dit-il, de tourner les yeux vers cette religion sainte qui avait été si profondément imprimée dans mon cœur quand j'étais enfant; mais j'hésitais, je ne pouvais m'y décider.. et cependant elle m'attirait malgré moi. Enfin, cruellement incertain, voulant et ne voulant pas, je saisis avec une sorte d'agitation et d'inquiétude fébriles le livre des Épîtres de saint Paul. »

Bienheureuse résolution !... saint Augustin devenu le disciple de saint Paul !... « Le plus grand des docteurs, dit Fléchier, devait être la conquête du plus grand des apôtres !... (1). »

« Je trouvais dans ces livres divins, ajoute saint Augustin, tout ce que j'avais appris de vrai dans les autres, mais j'y trouvais aussi en plus, qu'en même temps que les premiers nous proposent les vérités, ils ont soin de nous mettre la grâce de Dieu devant les yeux et de nous en montrer le prix et la force, afin que celui qui voit

1. *Contra Academicos*, liv. II.

ce qu'il faut voir, prenne bien garde de ne pas se glorifier, comme si, ce qu'il connaît, ne lui avait pas été donné, ainsi que la connaissance qu'il en a ; car, *qu'avons-nous qui ne nous ait été*

MORT DE SAINTE MONIQUE.

donné ?... Que savent-ils, d'ailleurs, ces grands philosophes, de cette loi du péché incarnée dans nos membres, et qui, combattant contre la loi de l'esprit, nous traîne captifs dans le mal ?... Que savent-ils surtout de la grâce de JÉSUS-CHRIST, victime innocente, dont le sang a effacé l'arrêt de notre condamnation ?... Sur tout cela, leurs livres sont muets (1) !... »

Voilà les pensées qui remplissaient l'âme d'Augustin pendant qu'il lisait les écrits de celui qui se qualifie : le dernier des apôtres, et la vue de tant de merveilleuses vérités le jetait dans l'admiration.

« Oh ! disait-il en fermant le livre, que c'est bien autre chose d'apercevoir de loin, du haut d'un roc sauvage, la cité de la paix, sans pouvoir, quelque effort que l'on fasse, trouver un chemin pour y arriver ; ou bien de trouver ce chemin, et sur ce chemin un guide qui nous dirige et nous défende contre le brigandage de ceux qui voudraient nous arrêter (2) ! »

Avec l'accroissement de la grâce, les cris de la conscience d'Augustin se faisaient entendre à son âme, et plus forts, et plus persistants ; cette conscience commençait à murmurer à ses oreilles ces mots qui ne devaient plus cesser de retentir au fond de son cœur : « La vérité brille à tes yeux, pourquoi ne te rends-tu pas ?... »

1. Conf. liv. VII, chap. XXI.

2. Conf. ibid.

« J'entendais, dit-il, mais je faisais le sourd ; je refusais d'avancer, mais sans chercher maintenant d'excuse... Toutes les raisons que j'aurais pu apporter étaient réfutées d'avance, et il ne me restait qu'une peur muette, la peur de voir arrêter le cours de ces longues et tristes habitudes qui m'avaient conduit, cependant, à un état si désespéré (1). »

« Longtemps, en effet, dit Mgr Bougaud, Augustin n'avait pas eu le courage de croire ; maintenant, il croyait, mais il n'avait pas le courage de pratiquer ; les obscurités de la foi l'avaient longtemps arrêté, c'étaient à cette heure les inexorables nécessités de la vertu qui lui faisaient peur (2). »

« Ainsi, dit Massillon, flottant toujours, et ne voulant pas être fixé ; consultant sans cesse, et craignant d'être éclairé ; sans cesse disciple et admirateur de saint Amboise, et toujours agité par les incertitudes d'un cœur qui fuyait la vérité, il traînait sa chaîne, craignant d'en être déli-

1. Conf. liv. VIII, chap. VII.

2. *Vie de sainte Monique*, ch. XII.

vré ; il proposait encore des doutes pour prolonger ses passions ; il voulait être éclairé parce qu'il craignait de l'être trop ; et, plus esclave de sa passion que de ses erreurs, il ne rejetait la vérité qui se montrait à lui, que parce qu'il la regardait comme une main victorieuse qui venait enfin rompre les liens qu'il aimait encore (1) !.. »

« J'avais trouvé une perle, ajoute saint Augustin, et maintenant qu'il fallait vendre mes biens, c'est-à-dire, faire des sacrifices pour l'acheter, je n'en avais pas le courage (2). »

Agité, indécis, le fils de Monique résolut enfin d'aller trouver Simplicien, qui avait eu le bonheur de servir de père à saint Ambroise, l'ayant baptisé de sa main, et lui servant toujours de conseiller. Il lui fit connaître tous les troubles et toutes les erreurs dont il avait été le jouet jusqu'alors; il lui dit qu'il avait lu quelques livres des Platoniciens traduits par Victorin, autrefois professeur de rhétorique à Rome, et qui était mort chrétien. Simplicien, l'ayant félicité d'avoir

1. Discours pour la fête de l'Épiphanie.

1. Conf. liv. VIII, chap. 1.

préféré Platon, philosophe spiritualiste, aux mensonges et aux déceptions des philosophes matérialistes, lui raconta comment ce même Victorin, après plusieurs hésitations, avait eu le courage de

A SON ARRIVÉE EN AFRIQUE, AUGUSTIN EST REÇU A CARTHAGE CHEZ INNOCENT, A QUI IL REND MIRACULEUSEMENT LA SANTÉ PAR SES PRIÈRES

fouler aux pieds le respect humain, et d'embrasser publiquement la religion chrétienne ; comment, sous le règne de Julien l'Apostat, ce généreux converti avait renoncé à sa place plutôt que de trahir sa foi, se vouant uniquement et pour jamais au service de DIEU. A partir de ce jour, les cris de la conscience d'Augustin devinrent de plus en plus forts; cette conscience le pressait vivement d'en finir, et commençait à murmurer à ses oreilles ces autres mots qui ne devaient pas non plus cesser de retentir au fond de son être : «*Lève-toi, toi qui dors ! lève-toi d'entre les morts, et le Christ t'illuminera !...* » « J'entendais, dit notre saint, mais je faisais encore le sourd... Je disais : Tout à l'heure, laissez-moi un peu ; encore un petit instant !.... Mais ce tout à l'heure ne venait jamais, et ce petit instant durait toujours (1) ! »

Cependant, l'heure de la grâce et de la victoire approchait, et Augustin touchait au jour béni de son retour complet dans le sein de l'Eglise. Se trouvant avec Alype, son intime ami, il reçut à Milan la visite d'un de leurs compatriotes, Africain comme eux. Potitien avait embrassé la carrière militaire et était devenu un des premiers officiers du palais de l'empereur, mais, ce qui vaut mieux encore, était resté un

1. Conf. liv. VIII, chap. V.

excellent chrétien. Tout en causant avec ses deux amis, Potitien, ayant aperçu un livre sur une table à jeu, le prit et l'ouvrit... C'étaient les Épitres de saint Paul !... Aussi s'écria-t-il, en regardant Augustin avec un sourire de félicitation : « Un seul livre !... et celui-là !... »

Le fils de Monique lui avoua alors que ce livre formait, à cette époque, sa principale étude, ce qui amena la conversation sur le grand Apôtre, puis sur les solitaires d'Egypte et sur saint Antoine, dont le nom n'était pas encore parvenu jusqu'à Augustin. C'était, en effet, le temps où saint Antoine venait d'illustrer les solitudes d'Egypte par ses vertus et ses miracles, et des milliers de personnes de toute condition, s'arrachant aux délices et aux dangers d'une civilisation corrompue, fuyaient au désert pour consacrer à Dieu le reste de leur vie dans la prière et la pénitence. Ces merveilles étaient connues de tous les chrétiens et, à Milan même, il y avait déjà des communautés de religieux et de religieuses ; mais Augustin ignorait tout cela, semblable à certaines personnes de notre siècle qui passent des années en face de l'Eglise catholique sans s'informer des œuvres admirables que l'Esprit de Dieu, toujours vivant en elle, ne cesse d'y opérer.

« Nous étions saisis d'admiration, raconte notre saint, au récit de ces merveilles attestées par tant et tant de témoignages et opérées en si peu de temps, et de nos jours, dans la religion véritable de l'Eglise catholique. »

Potitien continua longtemps à parler avec enthousiasme sur ce sujet, pendant qu'Augustin l'écoutait dans le plus profond silence. Il en arriva à raconter qu'étant à Trèves, il sortit un jour avec trois de ses compagnons pour se promener dans les jardins attenant aux murs de la ville ; ils se mirent à marcher deux à deux et peu à peu se trouvèrent séparés. Or, les deux officiers qui marchaient les derniers, errant à l'aventure, entrèrent dans une cabane habitée par quelques-uns des serviteurs de Dieu, pauvres d'esprit, à qui le royaume des Cieux appartient, et trouvèrent là un manuscrit de la vie de saint Antoine. L'un d'eux se met à lire et, saisi bientôt d'admiration, il s'enflamme et songe, tout en lisant, à embrasser une telle vie, à quitter la malice du siècle pour servir DIEU. Puis, rempli soudain d'une sainte honte, il s'irrita contre lui-même et, jetant les yeux sur son ami, il lui dit tout ému : « Dites-moi, je vous prie,

SAINT AUGUSTIN DONNE SA RÈGLE A SES RELIGIEUX.

quel but prétendons-nous atteindre par tant de travaux ? Que cherchons-nous ? Pourquoi portons-nous les armes ? Pouvons-nous espérer rien de plus à la Cour que devenir les amis de l'empereur ?... Or, en cela même, quelle incertitude, quels dangers !... Et combien d'écueils ne faut-il pas franchir pour arriver à un péril plus grand encore ! Et puis, quand réussirons-nous dans nos désirs ?... Si, au contraire, je veux être l'ami de DIEU, je le suis à l'instant même (1). »

C'est ainsi qu'il parla, et, agité de l'enfantement à une vie nouvelle, il reporta ses yeux sur les pages du livre. Il lut encore, et un changement complet s'opéra dans son cœur, sous le regard de DIEU ; il se détachait des affections du monde, il se dégageait des liens qui le tenaient captif depuis si longtemps, et sans que personne en vît rien, il devenait un autre homme. Après avoir continué quelque temps à lire, agité et frémissant, il vit clairement la lumière de la vérité, et résolu de la suivre, et déjà tout à DIEU, il dit à son ami :

« C'en est fait, me voilà dépris de tout ce qui a fait jusqu'ici l'objet de mes espérances ; je suis résolu de servir DIEU dans ce lieu-ci et de commencer dès ce moment. Si vous ne vous sentez pas en disposition d'en faire

1. Conf. liv. VIII, ch. V.

autant, au moins ne vous opposez pas à mon dessein. »

L'autre répondit aussitôt qu'il voulait avoir part à une si grande grâce, et qu'il lui tiendrait compagnie dans la sainte milice où il entrait ; et tous deux commencèrent à l'instant à bâtir cette tour dont Jésus-Christ parle dans l'Évangile. N'avaient-ils pas les fonds nécessaires pour cela dans le courage et la générosité dont ils étaient remplis pour tout quitter sur-le-champ et suivre Notre-Seigneur ?...

Potitien et son compagnon, après s'être longtemps promenés dans une autre partie des jardins, arrivèrent, en les cherchant, jusqu'à leur retraite, et les avertirent que le jour baissait et qu'il était temps de rentrer. Mais ces deux nouveaux solitaires, déclarant leur résolution, et racontant comment ils avaient été touchés de la grâce, prièrent Potitien et son ami de ne pas combattre leur désir, s'ils refusaient de s'y associer. Ceux-ci ne se sentaient nullement détachés de leur ancienne vie, leur cœur tenait encore à la terre ; mais ils admirèrent le courage des deux convertis dont le cœur s'attachait ainsi au Ciel, ils les félicitèrent et, après s'être recommandés à leurs prières, retournèrent au palais, les yeux pleins de larmes.

CHAPITRE SIXIÈME.

Un violent orage avait éclaté dans le cœur d'Augustin pendant le récit de Potitien, et toutes ses lenteurs, toutes ses lâchetés, toutes ses hontes, se dressant devant lui, lui faisaient horreur ; aussi, quand son ami se fut retiré, il se tourna vers Alype et lui dit d'une voix entrecoupée et émue :

« Que faisons-nous? Quoi, tu n'as pas entendu? les ignorants se lèvent et emportent le Ciel, et nous, avec nos doctrines sans cœur, voilà que nous roulons dans la chair et le sang !... Rougirons-nous de les suivre, parce qu'ils nous ont devancés ?... Et ne devrions-nous pas au moins rougir de ne pas même les suivre ? (1).... »

Et sous le poids d'une angoisse inexprimable et d'une extrême agitation qui ne lui permettait pas de rester immobile et calme, Augustin se leva tout à coup et se rendit dans un petit jardin qui dépendait de la maison : c'était là que Dieu l'attendait.

1. Conf. liv. VIII, chap. VIII.

« En effet, le trouble de mon cœur, dit-il, me porta dans ce lieu où je crus que je serais moins en danger d'être interrompu dans l'ardeur du combat où j'étais entré contre moi-même. Il n'y avait que Vous, ô mon Dieu, qui sussiez quelle en devait être l'issue ; qui vissiez que la fureur dont j'étais transporté devait me conduire à la sagesse, et que l'agonie où je me trouvais, loin de me conduire à la mort, me servait d'entrée à la véritable vie. Pour moi, je ne voyais que le mal qui était en moi, et j'ignorais tout le bien que vous me réserviez et dont je devais jouir si prochainement.

» Je souffrais et je me torturais, m'accusant moi-même avec une amertume inconnue, me retournant et me roulant dans mes liens, jusqu'à ce que j'eusse rompu tout entière, cette chaîne qui ne me retenait plus que par un faible anneau, mais qui me retenait pourtant. Et vous me pressiez, Seigneur, au plus secret de mon âme, et votre sévère miséricorde me flagellait à coups redoublés et de crainte et de honte.

» Je me disais au dedans de moi : Allons, allons, point de retard !... Et mon cœur suivait déjà ma parole ; j'allais agir, et puis je n'agissais pas.

» Je ne retombais pourtant pas dans l'abîme de ma vie passée ; j'étais debout sur le bord, je respirais, je faisais effort pour arriver, pour atteindre, pour tenir, et il s'en fallait de peu ; mais je n'arrivais pas, je n'atteignais pas, je ne tenais pas !... J'hésitais à mourir à la mort pour vivre à la vie, et plus je voyais approcher le moment où j'allais devenir tout autre, plus je me sentais rempli de trouble et de frayeur.

» Les bagatelles des bagatelles, les vanités des vanités, mes anciennes amies, me tiraient par ma robe de chair et me disaient tout bas : Est-ce que tu nous renvoies ?... Quoi, dès ce moment nous ne serons plus avec toi ?... Mais leur voix n'avait plus la même force qu'autrefois, et, n'osant ni m'attaquer de front, ni combattre ouvertement le dessein que je méditais, elles murmuraient seulement d'une voix sourde ; et sentant que j'allais leur échapper, elles me tiraient par derrière, comme à la dérobée, pour voir si je tournerais la tête. Cependant, quelque peu de force qu'il leur restât, elles me causaient encore de l'hésitation, et ralentissaient un peu les efforts que je faisais pour m'en déprendre tout à fait.

» La voix tyrannique de l'habitude me disait,

SAINT AUGUSTIN EST PRÉSENTÉ A L'ÉVÊQUE D'HIPPONE POUR ÊTRE ORDONNÉ PRÊTRE.

elle aussi : Croyez-vous donc pouvoir vous passer de ces sortes de plaisirs ?... Mais sa voix était faible et mourante et ne me troublait presque plus. Du côté où se tournaient alors mes regards (bien que je craignisse encore de m'y ranger), je voyais la continence qui se présentait aussi à moi avec une majesté sans égale, et qui, d'un air serein et aimable m'exhortant à ne plus différer d'aller à elle, me tendait les bras pour me recevoir et m'embrasser. Et d'autre part, les

SAINT AUGUSTIN SOUTIENT UNE CONFÉRENCE PUBLIQUE CONTRE LE PRÊTRE MANICHÉEN FORTUNAT.

exemples de tant de saintes âmes se présentaient à mon souvenir et je me disais à moi-même : *Quoi, ne pourrais-je pas ce qui est possible à ces enfants et à ces femmes ?...*

» Et je rougissais, et je restais hésitant, suspendu entre ces voix et le murmure de mes vanités ! Cependant Alype se tenait toujours auprès de moi, et attendait dans un profond silence le résultat et la fin des agitations extraordinaires dans lesquelles il me voyait ! (1)... »

Mais l'orage grandissant, Augustin s'éloigna de son ami pour donner un libre cours à ses larmes. « Je me levai d'auprès d'Alype, continue-t-il, et m'écartai de lui pour éviter la contrainte où sa présence m'aurait tenu ; j'étais dans un état à ne pouvoir supporter cette présence, et il s'en aperçut bien. J'avais même, en me levant, laissé échapper quelques mots d'un ton de voix qui lui avait fait connaître que j'étais sur le point de fondre en larmes, et ce fut ce qui l'empêcha de me suivre. Il demeura à la place où nous étions, dans une profonde stupeur, pendant que j'allais m'étendre, je ne sais comment, sous un figuier et que je lâchais les rênes à mes pleurs. Les sources de mes yeux ruisselèrent alors comme le sang d'un sacrifice agréable, entrecoupées des paroles que j'adressais à DIEU : *Jusques à quand, Seigneur, jusques à quand me*

1. Conf. liv. VIII, chap. IX.

ferez-vous sentir les effets de votre colère ? N'en verrai-je point la fin ?.... Jusques à quand balancerai-je ?... Jusques à quand remettrai-je de jour en jour ?... Demain !... Demain !... Pourquoi pas sur l'heure en finir avec ma honte ?

» Je parlais de la sorte, le cœur percé de douleur et pleurant amèrement, lorsque j'entendis une voix qui paraisssait venir d'une maison voisine. C'était une voix de jeune fille ou d'enfant qui chantait et répétait souvent ces mots : *Prends, lis !... Prends, lis !...* Aussitôt, changeant de visage, et retenant le cours de mes larmes, je me mis à penser ce que pouvait être cette voix, et si les enfants n'avaient point entre eux quelque sorte de jeu où ils eussent coutume de se dire les uns aux autres quelque chose de semblable ou d'approchant ; mais rien de tel ne me revint à la mémoire. Alors, je ne pus croire autre chose, sinon que cette voix venait d'en haut, et qu'elle m'ordonnait d'ouvrir le livre de l'Apôtre qui était près de nous, et d'en lire le premier chapitre qui tomberait sous ma main. Je savais qu'Antoine, entrant un jour à l'église au moment de la lecture de l'Évangile, avait pris, comme adressées directement à lui-même les paroles qu'il entendait : « *Va, vends ce que tu as, donnes-en le prix aux pauvres, et tu auras un trésor dans le Ciel !... Viens, suis-moi !....* » et qu'un tel oracle, l'avait aussitôt converti. Je retournai promptement près d'Alype et pris le livre de Épîtres de saint Paul que j'y avais laissé. L'ayant ouvert, je lus en silence les premières paroles qui frappèrent mes yeux : « *Ne vivez pas dans les festins ni dans les voluptés impudiques, ni dans un esprit d'envie et de contention ; mais revêtez-vous de Notre-Seigneur Jésus-Christ et prenez garde de ne pas chercher à satisfaire les désirs déréglés de votre chair.* »

» Je ne voulus pas en lire davantage, je n'en eus pas besoin, car, la lecture de ces lignes à peine achevée, une douce lumière de paix et de sécurité se répandit dans mon cœur, et dissipa les ténèbres de mon incertitude. Alors, tenant marqué du doigt le passage de l'Apôtre que je venais de lire, je me tournai vers Alype, avec un visage où la tranquillité de mon âme paraissait déjà, et je lui appris ce qui m'était arrivé. Il voulut voir ce que j'avais lu, et ayant fait une particulière attention aux paroles qui suivaient et auxquelles je n'avais pas pris garde : « *Aidez et soutenez celui qui est encore faible dans la foi......* » il les prit tellement pour lui, et s'en trouva tout à coup

RETIRÉ DANS SON COUVENT, SAINT AUGUSTIN REÇOIT JÉSUS-CHRIST SOUS LA FORME D'UN PÈLERIN ET LUI LAVE LES PIEDS.

si pénétré et si fortifié, que sans balancement et sans agitation il entra avec moi dans la sainte résolution que je venais de prendre et qui lui convenait si bien, car par la pureté de ses mœurs il avait toujours été au-dessus de moi !

» A l'instant même, nous allâmes trouver ma mère pour lui faire part de ce qui nous était arrivé, et elle en fut transportée de joie, surtout lorsque nous lui en apprîmes tous les détails et toutes les circonstances. Elle ne pouvait se lasser de vous bénir, ô mon DIEU, Vous qui pouvez faire infiniment plus que nous ne demandons et que nous ne pensons (1)... »

En effet, Augustin converti n'était pas seulement résolu à vivre en bon chrétien, mais encore à renoncer au monde, pour embrasser la vie monastique et être désormais tout à DIEU. Son exemple nous enseigne que personne ne doit désespérer de son salut ; que le pécheur, gémissant sous le poids de l'habitude la plus invétérée, ne doit point se décourager ; qu'il faut, il est vrai, résister fortement à la corruption de la nature et à la force de la tentation, mais que ce glorieux combat se change toujours à la fin en une heureuse liberté et une joie inexprimable. Que le véritable chrétien veille donc sur lui-même, pour ne pas contracter d'habitudes

1. Conf., liv. VIII, chap. IX.

vicieuses, et qu'il sache bien que la moindre étincelle peut produire un grand embrasement, et qu'une passion dont on a suivi les premiers entraînements, finit par exercer, sur le cœur, l'empire le plus tyrannique et le plus absolu.

CHAPITRE SEPTIÈME.

Augustin s'était converti au mois d'août de l'année 386, dans la trente-deuxième année de son âge ; dès lors, il s'était déterminé à abandonner son école et à cesser d'enseigner la rhétorique ; mais, comme vingt jours seulement le séparaient des vacances, il attendit ce terme afin de quitter sans éclat la chaire qu'il occupait. Dès que ce temps fut écoulé, il se retira à la campagne, à Cassiacum, près de Milan, avec son ami Vérécundus, comme lui professeur de grammaire dans cette ville. Il y fut aussi accompagné et suivi par sa mère, sainte Monique ; par son fils, Adéodat ; par son frère, Navigius ; par son confident, Alype ; par ses disciples, Licentius et Trigèse ; par ses parents, Rustique et Lastidien. Dans cette retraite, il s'occupa uniquement de prière et d'étude, deux exercices qui, unis ensemble, se soutenaient mutuellement ; quoique simple catéchumène, il composa de suite le livre de la *Vie Bienheureuse*, celui des *Soliloques*, les livres de l'*Ordre* et de l'*Immortalité de l'âme*, et enfin ses ouvrages *contre les Académiciens*, qui faisaient profession de douter de tout.

Mais, pensant aussi à lui-même, Augustin écrivait en même temps à saint Ambroise, pour le prier de lui indiquer quel livre de l'Ecriture

SAINT AUGUSTIN REÇOIT L'ONCTION ÉPISCOPALE DES MAINS DE MÉGALE, PRIMAT DE NUMIDIE.

sainte il devait lire afin de se mieux disposer à recevoir le baptême. L'évêque de Milan lui conseilla de commencer par le Prophète Isaïe, mais le néophyte, ne comprenant pas cet admirable livre à son gré, préféra attendre le jour où il serait plus versé dans l'étude des Saintes Ecritures.

Six mois s'écoulèrent ainsi dans la retraite, la prière et le travail, et le jour heureux dans lequel Augustin devait recevoir le baptême arriva enfin. Selon l'antique usage, on avait choisi pour cette cérémonie la nuit qui précédait le jour de Pâques et séparait, en cette année 387, le 24e et le 25e jour d'Avril. Tout le peuple veillait alors pendant les heures bénies qui précédaient cette grande solennité, et l'on administrait le Sacrement de la régénération entre l'office du soir et la messe de l'aurore.

Augustin s'était rendu à Milan accompagné d'Evodius, de Trigèse, d'Alype, d'Adéodat et de quelques autres, qui devaient être baptisés avec lui. Il serait difficile d'exprimer l'ineffable joie de saint Ambroise en voyant à ses genoux la troupe d'élite dont le fils de Monique était le chef, et qui allait rentrer dans le sein du catholicisme, en cette nuit célèbre et bénie qui voyait le plus grand des docteurs naître à DIEU et à l'Eglise.

Après s'être agenouillé devant le pontife,

Augustin, s'étant approché de la cuve baptismale, s'y plongea trois fois, et en sortit comme d'un tombeau, avec un cri de foi sur les lèvres. La première fois : Je crois en DIEU ; la seconde : Je crois en JÉSUS-CHRIST ; la troisième : Je crois au Saint-Esprit. Alors, le saint évêque de Milan, montant à l'autel et étendant les bras, pria à haute voix ; puis, il versa l'eau sacrée sur la tête du néophyte qui frappait sa poitrine, en disant : Je te baptise au nom du Père, du Fils et du Saint-Esprit...... et sous cette parole féconde, Augustin naquit à DIEU, à l'Eglise, aux âmes, à lui-même (1).

A la fin de la cérémonie, l'enthousiasme gagnant tous les assistants, saint Ambroise se leva, inspiré, le cœur et les yeux au Ciel, et s'écria : *O mon Dieu, nous vous louons !*

— *Mon Père, que toute la terre vous adore*, répondit Augustin, prosterné la face contre terre; et ainsi, comme deux séraphins en extase, ils improvisèrent le beau cantique du Te Deum.

---

1. *S. Ambrosius, de Sacram.* liv. II, chap. VII.— Bougaud, *Vie de sainte Monique*, chap. XIV.

Sainte Monique était au comble de ses vœux; dans sa joie, elle fit alors part à son fils d'une vision qu'elle avait eue plusieurs mois auparavant. « Il me semblait, lui dit-elle, que la Sainte Vierge se présentait à moi pour sécher mes larmes ; elle était vêtue de noir et avait ses chastes flancs entourés d'une ceinture de cuir.

— Ma fille, me dit Marie, voici le modèle de votre vêtement ; et, détachant sa ceinture, elle ajouta : Recevez ce signe précieux de mon amour ! Cette ceinture devra désormais toujours entourer votre corps sans que vous vous en sépariez jamais. Efforcez-vous de répandre, en mon honneur, la dévotion à cette ceinture vénérée, car, moi, je vous promets de considérer comme mes fils les plus chers tous ceux qui se montreront revêtus de ce signe très saint, qui sera plus tard le prodige de l'univers. » Après ces paroles, Marie disparut.

Le récit de Monique remplit son fils d'une douce émotion ; déjà, saint Ambroise et saint Simplicien, qui connaissaient la mission céleste de la mère d'Augustin, étaient décidés à prendre avec piété et confiance la précieuse ceinture de cuir. Aussi, huit jours après son baptême, le fils de Monique suivait leur exemple. Il quitta l'habit blanc que portaient les nouveaux chrétiens et reçut des mains de l'évêque de Milan une coule et un capuchon noirs, en signe de la vie religieuse qu'il voulait embrasser. Saint Simplicien compléta le costume en lui donnant la ceinture de cuir, que lui-même avait reçue de sainte Monique. Augustin conserva et porta jusqu'à sa mort l'habit que lui avait donné saint Ambroise ; et plus tard, rentré dans sa patrie, il le donna aux âmes d'élite qui voulurent vivre sous sa direction et se ranger sous le joug béni de sa Règle.

CHAPITRE HUITIÈME.

DANS les premiers jours du travail de la grâce dans son âme, Augustin avait formé un projet qu'il n'avait pu réaliser. Non encore chrétien (1), mais déjà las du monde, fatigué du vide de ces jours misérables que DIEU ne remplissait pas, il s'était pris à rêver une solitude où, avec des amis du même cœur, de même goût pour les choses élevées, la vie s'écoulerait loin de ce triste monde, dans la recherche et la contemplation de la vérité. Mais quand il avait voulu réaliser ce rêve, il s'était aperçu qu'il tenait trop à la terre, que son cœur n'était pas libre, que celui de ses amis était esclave comme le sien, et il avait rejeté ce projet avec un sourire amer.

Ce rêve lui revint à l'esprit dans les premiers jours qui suivirent son baptême ; les grands obstacles n'y étaient plus. — « Si on lui eût présenté une jeune fille parée de tous les charmes de l'âge, de la beauté, de l'esprit, et qu'il eût pu lui donner son cœur dans la plus légitime et la

1. Bougaud, *Vie de sainte Monique*, ch. XIV.

plus sainte union, il ne l'eût même pas regardée !... » Son cœur, ce reste de cœur, serait pour DIEU seul, et à jamais ! Ses amis, touchés des mêmes grâces, étaient dans les mêmes sentiments ; dès lors, pourquoi ne pas essayer de réaliser aujourd'hui le rêve d'autrefois ? (1)...

Augustin en parla à Alype, qui tressaillit de joie ; Navigius applaudit ; Evode se joignit à eux ; Adéodat ne voulut pas quitter son père ; il n'y avait que Monique qui pût gêner !.... Mais quoi !... Monique serait un obstacle ?... Au contraire, elle serait la mère, le modèle, l'aiguillon, la prière, la providence permanente de la petite Communauté. Tout le monde tomba d'accord, et ainsi naquit ce premier essai de vie religieuse d'où allait sortir la règle immortelle de saint Augustin.

Restait la question de savoir où l'on s'établirait pour vivre ainsi en communauté ; mais pouvait-on hésiter ? Monique, Augustin, Navigius, Adéodat, Evode, Alype étaient tous Africains, tous de Tagaste ou des environs. Qui pouvait

2. Soliloq. liv. I, chap. X.

les retenir en Italie ? Pourquoi ne pas retourner au milieu de leurs parents, de leurs amis, et ne pas reporter à leur pays les premiers parfums de leur foi reconquise ? et quand ils seraient moins novices, les premières ardeurs de leur apostolat ?

On n'hésita pas, et vers la fin d'octobre 387, tous se mirent en route pour Ostie, où ils espéraient trouver le moyen de retourner promptement en Afrique (1).

Saint Ambroise reçut les adieux des voyageurs et les bénit une dernière fois, serrant Augustin dans ses bras, et appelant sur son voyage des bénédictions qui allaient être fécondes. Puis la pieuse caravane se rendit d'abord à Civita-Vecchia en passant par les campagnes désertes de l'Étrurie, là où, parmi les ruines des anciens édifices païens, habitaient plusieurs solitaires qui servaient DIEU loin du tumulte du monde et de la fréquentation des hommes. Ces fervents serviteurs du CHRIST, ayant appris le mérite d'Augustin, et connaissant par l'habit dont il

1. Bougaud, ibid.

était revêtu qu'il professait leur manière de vivre, le reçurent, lui et ses compagnons, avec autant d'honneur que de charité. Le futur évêque d'Hippone, touché de leurs vertus, s'arrêta près

CONFÉRENCE VICTORIEUSE DE SAINT AUGUSTIN CONTRE LES DONATISTES.
Fresque de Gagliardi, à Saint-Augustin, à Rome.

d'eux quelque temps, pour vaquer comme eux à la méditation des divins mystères, et particulièrement de celui de l'adorable Trinité. On pense même que c'est dans ce lieu qu'il commença à écrire ses livres sur ce profond et ineffable mystère, livre qu'il interrompit plus tard à la suite d'une célèbre apparition (1).

Se promenant un jour sur le bord de la mer, et méditant ce qu'il devait écrire sur la Trinité, Augustin fut tiré de ses réflexions et de ses recherches par l'apparition d'un petit enfant qui, devant lui, semblait vouloir épuiser la mer en renfermant ses eaux dans un trou qu'il avait creusé sur le rivage. Le fils de Monique, surpris de ce dessein, en représenta doucement l'impossibilité à l'enfant. — « Sachez, lui repartit alors celui-ci, que j'en viendrai plus tôt à bout, que vous de comprendre, par les lumières de votre esprit le mystère de la Très-Sainte Trinité. »

Instruit par ce prodige de la difficulté de l'ouvrage qu'il avait entrepris, Augustin n'en pressa pas l'exécution, et se contenta, pour laisser un monument éternel de sa dévotion envers cet adorable mystère, de fonder à cet endroit un ermitage que les religieux de son Ordre, appelés les Ermites de Saint-Augustin, possèdent encore aujourd'hui. On voit sur la porte un écriteau où l'on a gravé

2. Bougaud, ibid.

en latin le sens de ces paroles : « Passant, qui que tu sois, révère l'ermitage et la chapelle où saint Augustin, cette éclatante lumière de l'Église, commença son ouvrage sur la Trinité, et l'interrompit ensuite, par l'avis de l'oracle d'un enfant envoyé du Ciel sur le rivage ; ouvrage qu'il acheva enfin en Afrique dans sa vieillesse. »

Avant de rentrer dans sa patrie et de quitter pour toujours l'Italie, le fils de Monique désira se rendre à Rome avec sa mère et ses compagnons, pour visiter les Lieux saints, les sanctuaires célèbres, et vénérer les reliques des glorieux apôtres et martyrs de JÉSUS-CHRIST. Il avait aussi la pensée de voir de près, dans la Ville éternelle et aux environs, plusieurs monastères dont il loua hautement la sainteté dans le premier livre des « Mœurs de l'Église », qu'il composa à cette époque. Il y finit l'hiver, et lorsque les froids furent passés, il quitta Rome avec le dessein de s'embarquer à Ostie pour rentrer en Afrique avec sa pieuse caravane.

Mais DIEU en avait décidé autrement, et voulait rappeler à Lui sur cette plage étrangère celle qui avait enfanté Augustin à la double vie de l'âme et du corps. Tandis que la mère et le fils attendaient à Ostie l'heure du départ et de l'embarquement, et s'entretenaient de la vie

SAINT AUGUSTIN MÉDITE LES ÉCRITURES. UN JOUR IL Y ÉTAIT SI ABSORBÉ, QU'IL NE RÉPONDIT RIEN A UNE FEMME QUI VENAIT LE CONSULTER.

bienheureuse des saints, — ils furent tous deux favorisés ensemble de la célèbre vision de l'Essence de DIEU et du bonheur du Ciel. Augustin a raconté cette vision au livre IX de ses *Confessions ;* mais Monique ne put en supporter l'inefſable joie, elle sentit son âme se détacher de son corps et s'envoler vers le lieu où elle avait vu tant de bonheur préparé.

« Augustin, dit-elle à son fils, plus rien ne me

SAINT AUGUSTIN DIT AU CHAPITRE IX DE SES CONFESSIONS :

« Seigneur, vous aviez blessé mon cœur de la flèche de votre charité, et mes entrailles demeuraient transpercées par vos paroles. » L'artiste s'est inspiré de ces paroles pour exprimer à sa manière le grand amour dont le cœur d'Augustin était embrasé pour son DIEU.

charme en cette vie. Je ne sais ce que je dois faire ici, et pourquoi j'y demeure après que mon espérance du temps a été accomplie. Je n'ai désiré vivre que pour une seule chose : c'était de vous voir chrétien avant de mourir. Mes vœux ont été dépassés, car je vous vois *serviteur de Dieu* (1), et plein de mépris pour les choses du siècle : que fais-je donc ici-bas ?... »

Cinq jours après cet entretien, Monique fut prise d'un accès de fièvre qui l'obligea à s'aliter, et comprenant que c'était l'annonce du suprême appel, elle se prépara au grand voyage de l'éternité. Elle eut alors un nouveau ravissement et perdit complètement connaissance. On la crut morte et on s'empressa autour d'elle, cherchant quels remèdes pourraient la rappeler à la vie ; mais elle, ouvrant les yeux, et paraissant étonnée de se retrouver sur la terre, dit à son entourage : « Où étais-je ?... Vous enterrerez ici votre mère ! (2)... »

A ces paroles, qui révélaient de quelles régions sa mère descendait, Augustin sentit un flot de larmes monter de son cœur à ses yeux; mais il eut la force de refouler ces pleurs et de contenir sa douleur. Monique souffrait beaucoup,

1. Cette expression signifiait alors : religieux ou moine.

2. Conf. liv. IX, chap. 11.

et sentant son dernier moment approcher, elle demanda avec les plus vives instances à recevoir la Sainte Eucharistie, qu'on croyait devoir lui refuser à cause de ses cruelles souffrances d'estomac ; alors on vit entrer dans sa chambre un petit enfant qui s'approcha de son lit et la baisa sur la poitrine ; aussitôt, et comme si cet enfant fût venu l'appeler, cette mère admirable et sainte inclina la tête, et rendit le dernier soupir. Elle avait alors cinquante-six ans (1).

A peine Monique eut-elle expiré, qu'Augustin ne put contenir sa douleur ; il se leva, s'approcha de la couche funèbre, regarda longuement une dernière fois le visage de celle qui l'avait tant aimé, et, après avoir fermé d'un doigt reconnaissant ces yeux qui avaient tant pleuré sur lui, il s'enfuit à la hâte.

« Je sentais, dit-il, affluer dans mon cœur une douleur immense, prête à déborder en torrent de pleurs, mais mes yeux, sur l'impérieux commandement de mon âme, ravalaient leur courant, jusqu'à demeurer secs, et cette lutte me déchirait (2). »

1. Boll. 4 mai. — 2. Conf. ibid.

Pour répondre au vœu de sa mère, Augustin fit donner la sépulture à son saint corps dans la ville d'Ostie, et s'acquitta fidèlement envers elle de tous les devoirs de la piété filiale. Il fit célébrer le saint sacrifice de la messe à son intention, et n'oublia jamais de prier à l'autel du Seigneur pour celle qui l'avait enfanté à la grâce après l'avoir donné au monde ; puis, le cœur brisé par cette douloureuse séparation, il se prépara à s'embarquer pour l'Afrique avec ses compagnons.

Le corps de sainte Monique repose aujourd'hui dans l'église de Saint-Augustin à Rome, et sur son riche tombeau on a gravé cette simple épitaphe : « Ci-gît le corps de notre sainte Mère Monique. »

CHAPITRE NEUVIÈME.

La mort de sainte Monique, qui est le dernier fait que saint Augustin ait raconté dans ses *Confessions*, termina la première partie de la vie de son fils, et laissa dans son cœur un de ces souvenirs tendres, profonds et durables que rien ne peut effacer.

Effrayé à la pensée de revoir l'Afrique sans sa mère, l'illustre pénitent arrêta encore une fois ses préparatifs de départ, et retourna à Rome pour y séjourner quelque temps avec ses amis et y laisser passer les premiers mois de sa douleur. Il n'arriva à Carthage que vers le mois de septembre 388. Le bruit de son éclatante conversion l'avait précédé dans cette ville; aussi y fut-il reçu avec honneur et logé chez le lieutenant du gouverneur, qui se trouvait fort malade à cette époque. Cet homme, nommé Innocent, avait une fistule à la jambe, et ne pouvait sauver sa vie qu'en se faisant amputer ce membre, remède aussi redoutable pour lui que le mal même. Saturnin, évêque d'Uzale, Aurèle, plus tard archevêque de Carthage, et plusieurs autres ecclésiastiques rendaient de fréquentes visites au pauvre malade, et l'exhortaient au courage et à la patience sans pouvoir le soulager. Augustin, profondément attendri à la vue d'une telle souffrance, se sentit porté à s'employer près de DIEU pour obtenir à son hôte le soulagement que les hommes étaient impuissants à lui donner; il passa donc avec Alype, Evode et ses autres compagnons, toute une nuit en prières pour demander au Ciel la guérison jugée impossible. Or, dès le lendemain, quand les médecins et les chirurgiens arrivèrent pour amputer la jambe et défirent les bandages, ils ne trouvèrent plus qu'une cicatrice déjà fermée et une plaie parfaitement guérie.

De Carthage, Augustin se rendit à Tagaste, sa ville natale, où son premier soin fut de donner son patrimoine à l'Église, à la seule condition que l'évêque lui fournirait annuellement ce qui serait nécessaire pour sa subsistance et celle de son fils, dans l'état religieux qu'ils avaient embrassé. Alype, Evode, Possidius, et un grand nombre de ses amis, s'unirent à lui pour former la première communauté, connue plus tard dans l'Église sous le nom d'*Ermites de Saint-Augustin.* Tout était en commun parmi ces nouveaux religieux, et la maison se chargeait de pourvoir aux besoins de chacun.

« Dans cette solitude, dit saint Possidius, ces religieux vivaient loin des soucis et des soins du siècle, livrés tout entiers aux jeûnes, à la prière, aux bonnes œuvres, méditant jour et nuit la loi du Seigneur. Tout ce que Dieu révélait alors à l'intelligence et au cœur d'Augustin, dans la contemplation, l'étude et la prière, cet illustre pénitent le faisait connaître aux amis présents et absents, les instruisant ainsi par ses discours et par ses écrits (1). »

Ce fut dans ce premier monastère de l'Ordre que le glorieux Patriarche fut gratifié d'une nouvelle et insigne faveur du Ciel. Il s'occupait en toute occasion aux œuvres de miséricorde, et principalement à celle de l'hospitalité, recevant les pauvres très cordialement, leur donnant à manger, et leur lavant les pieds avec de profonds sentiments d'humilité. Or, un jour, un men-

1. *Possid., Vita Aug.* cap. III.

diant pâle et souffreteux s'étant présenté pour lui demander l'aumône, Augustin l'introduisit dans sa cellule, le traita le mieux qu'il put, lui lava les pieds, selon sa coutume, et les baisa dévotement ensuite. Mais il n'eut pas plus tôt achevé cette œuvre héroïque, qu'il entendit sortir ces paroles de la bouche de JÉSUS-CHRIST, déguisé et caché sous les haillons de ce pauvre : « Réjouissez-vous, ô grand Augustin, car aujourd'hui vous avez mérité de parler, de toucher et de donner un baiser, en sa chair, au Fils de DIEU. »

Et la vision disparut aussitôt.

Quelque soin que le saint prît de vivre inconnu dans sa solitude, ses vertus, sa doctrine et sa réputation le firent connaître dans toute l'Afrique. Pendant les trois ans qu'il passa dans ce premier monastère, on le consulta de toutes parts comme un oracle. Il avait tant d'aversion pour les honneurs, et tant de crainte des dignités, qu'il ne s'arrêtait jamais dans les villes où il n'y avait pas d'évêque, regardant comme un châtiment de DIEU d'être appelé aux grands emplois et de tenir le premier rang. Mais DIEU, qui voulait élever son serviteur, se servit d'une circonstance fortuite et d'un voyage que fit Augustin à Hippone, pour mettre cette lumière sur le candélabre et la faire briller de tout son éclat aux yeux du monde.

SAINT AUGUSTIN MET LA DERNIÈRE MAIN A SON LIVRE SUR LA TRINITÉ, COMMENCÉ SUR LE BORD DE LA MER A CIVITA-VECCHIA.

« Il y avait dans cette ville, dit le Père Giry, un grand seigneur fort riche et craignant DIEU, ami de saint Augustin, qu'il désirait passionnément voir et entendre parler des vérités de l'Evangile, dont il savait qu'il avait été autrefois le plus redoutable ennemi. Ce seigneur était tout prêt à renoncer au monde et à donner tous ses biens à l'Eglise, si ce grand homme approuvait son dessein quand il le lui aurait communiqué. Augustin, qui ne cherchait que l'occasion de gagner des âmes à JÉSUS-CHRIST et de les porter à une haute perfection, n'eut pas plus tôt appris cette bonne disposition de son ami, qu'il se rendit à Hippone. Valère, Grec de nation, qui en était évêque, accueillit le visiteur avec joie et fit alors ce qu'il put pour l'obliger à rester dans sa ville et l'attacher au service de son Eglise; mais, ayant vu que le saint était résolu à retourner dans son monastère dès qu'il aurait satisfait son ami, il assembla le peuple et, après lui avoir représenté le besoin qu'il avait d'un homme savant pour travailler dans son diocèse au salut des âmes, il l'exhorta à jeter les yeux sur celui que la triple auréole de la sainteté, de la doctrine et du zèle, rendait digne de cet emploi glorieux. Le peuple, comme mû par une inspiration divine, alla sur-le-champ chercher l'humble Augustin et s'en saisit en criant hautement que DIEU l'avait envoyé à

Hippone pour devenir son pasteur ; puis il le présenta à Valère, qui l'ordonna prêtre malgré ses larmes et les raisons que son humilité lui fit alléguer pour n'être point élevé à la dignité sacerdotale.

A peine le fils de sainte Monique eut-il reçu la prêtrise, qu'il se fixa définitivement à Hippone, où plusieurs de ses religieux le suivirent, fondant avec lui et le concours de l'évêque une nouvelle communauté.

De ce second monastère, sortit un grand nombre de prélats illustres, qui firent l'ornement de l'Eglise d'Afrique par leur savoir et la sainteté de leur vie. Tels furent entre autres : Alypius, évêque de Tagaste, Evode d'Ursale, Possidius de Calame, Profecturus et Fortunat de Cirthe, Sévère de Milève, Urbain de Sicca, Boniface et Pérégrin.

Après avoir établi ce couvent d'hommes à Hippone, Augustin en fonda un autre de femmes, et en confia le gouvernement à sa propre sœur, qui avait renoncé au monde après être devenue veuve. Mais à la mort de cette première abbesse, la plus âgée des autres religieuses,

Félicité, ayant été désignée pour lui succéder par le plus grand nombre des Sœurs, il s'éleva dans le cloître des troubles et des dissentiments, car quelques esprits mécontents désiraient une

LA GRANDE CONFÉRENCE DE CARTHAGE
A LAQUELLE ASSISTAIENT 159 ÉVÊQUES DONATISTES
ET 286 ÉVÊQUES CATHOLIQUES.

autre supérieure. Augustin calma l'orage en écrivant une première lettre à Félicité et à Rustique, directeur du monastère, et une seconde à toutes les religieuses. Cette dernière lettre, divisée en douze chapitres, fut adoptée dans la suite, comme Règle, par les *Ermites de Saint-*

Augustin et par les Chanoines réguliers, qui regardent aussi le grand Docteur d'Hippone comme leur fondateur et leur père.

Il est à croire qu'Augustin fonda dans cette ville plusieurs autres monastères d'hommes et de femmes, puisque Possidius raconte qu'à sa mort le grand Patriarche laissa à son Eglise des couvents peuplés de religieux et de religieuses, qui vivaient dans la continence et la prière ; aussi, saint Augustin est-il regardé à juste titre comme le fondateur et l'organisateur des moines en Occident (1).

1. *Possid.* ch. XXXI.

CHAPITRE DIXIÈME.

Les travaux du sacerdoce n'empêchèrent point Augustin de composer plusieurs ouvrages à cette époque de sa vie. En quelques années, il en publia un certain nombre dont voici les titres : Il adressa d'abord à un de ses amis, nommé Honorat, un livre sur l'*Utilité de la Foi*, où il combattait les prétentions des Manichéens ; puis il écrivit celui des *Deux Ames*, contre les mêmes sectaires ; dans son *Traité du Libre Arbitre*, on trouve la solution des difficultés les plus spécieuses contre le Créateur et la Providence. Enfin, il publia encore dans le temps de sa prêtrise : le livre *contre Adamate ;* le livre *sur la Genèse ;* les deux livres *sur le Sermon de la Montagne ;* une *Explication sur l'Oraison Dominicale ;* les *Commentaires sur l'Epître aux Romains et sur l'Epître aux Galates ;* enfin, le livre *du Mensonge*, où il prouve qu'il n'est jamais permis de mentir pour aucun motif.

Cependant, le pontife d'Hippone, Valère, se sentant accablé sous le poids des années et des infirmités qui en étaient la suite, et craignant toujours qu'Augustin ne fût enlevé à son Eglise si quelque autre ville le demandait pour évêque, écrivit à Aurèle, primat de Carthage, et le pria avec insistance d'agréer que le saint religieux fût sacré évêque, pour être son coadjuteur pendant sa vie et son successeur après sa mort. Le primat y ayant consenti, Valère invita Mégale, évêque de Calame et primat de Numidie, à venir visiter l'Eglise d'Hippone, et profita de la présence du prélat et des autres évêques qui l'accompagnaient, pour faire connaître à tous, au clergé et au peuple, la résolution qu'il avait prise, résolution à laquelle personne ne s'attendait.

Cette nouvelle fut accueillie avec des transports d'allégresse et des acclamations, qui témoignèrent de l'impatience que tous ressentaient d'en voir bientôt l'accomplissement. Mais Augustin, lui, résista fortement, car il aimait mieux obéir que commander, et il préférait rester humble et petit dans la maison de DIEU, que de compromettre son salut dans une condition élevée. Néanmoins, il fut obligé de se rendre à la voix du Ciel et aux vœux de l'Eglise d'Afrique, et il fut sacré au grand contentement du clergé et du peuple. Lui seul, véritable moine, était dans la tristesse ; et, considérant l'importance de cette nouvelle dignité, il répétait souvent : « Je n'ai reconnu que DIEU était irrité contre moi, que lorsqu'il me commit le gouvernement de cette Eglise ! » C'était au mois de décembre 395 et au commencement de la quarante-deuxième année de son âge.

Après son sacre, Augustin essaya de demeurer encore avec ses religieux, mais, s'apercevant qu'il ne pouvait concilier les fréquentes audiences qu'il était obligé d'accorder à la foule qui assiégeait le monastère, avec l'étroite et régulière observance du cloître, il se décida à aller demeurer dans la maison épiscopale. Là, il engagea les prêtres, les diacres et les sous-diacres de son Église à renoncer à toute propriété, et à suivre la règle qu'il voulait établir parmi eux. Il n'admettait même aux ordres sacrés que ceux qui promettaient d'embrasser le même genre de vie ; et ce fut là l'origine des *Chanoines réguliers.*

Malgré sa dignité, Augustin voulait continuer

à vivre lui aussi comme un simple religieux, et Possidius nous raconte qu'il était vêtu et meublé très modestement, mais avec décence et propreté ; que sa vaisselle était de terre, de bois ou d'étain,

SAINT AUGUSTIN VA TROUVER L'EMPEREUR HONORIUS.

que sa table était frugale, qu'on y servait des herbes ou des légumes, n'y apportant de viande que pour les étrangers ou les malades ; que la quantité de vin était réglée pour tous les hôtes. Pendant le repas, on lisait tout haut afin de bannir tout discours inutile, et Augustin avait fait écrire en gros caractères dans la chambre qui lui servait de réfectoire, ces deux vers latins :

« Quisquis amat dictis absentum rodere vitam,
Hanc mensam vetitam noverit esse sibi. »

« Si quelqu'un se plaît à déchirer, par ses médisances, la réputation des absents, qu'il sache que cette table lui est interdite. »

Un jour, une personne de distinction commença un discours de raillerie où la médisance allait entrer ; le saint l'interrompit et lui dit : « Mon cher frère, lisez ces vers ! Il faut les effacer ou changer de matière.... ou bien ne pas trouver mauvais que je me retire, et que je vous laisse dévorer la proie que vous tenez. »

Son zèle pour le bien spirituel de son troupeau était sans bornes : « Je ne désire point, disait-il, être sauvé sans vous ! Pourquoi le désirerais-je ? Que dirais-je ?... Pourquoi suis-je évêque, pourquoi suis-je dans le monde ?... C'est pour vivre non seulement en Jésus-Christ, mais avec vous : c'est là ma passion, mon honneur, ma gloire, ma joie ; ce sont là mes richesses !... »

Il ne faisait de visites qu'aux orphelins, aux

veuves, aux malades et aux affligés, pratiquant ces trois maximes de saint Ambroise : la première, de ne point se mêler de mariages, de peur qu'ils ne fussent malheureux ; la seconde, de ne persuader à personne de prendre le parti des armes ; la troisième, de ne jamais assister aux fêtes qui se donnaient à Hippone.

Un jour, étant retenu au lit où il souffrait beaucoup, ce saint si abandonné à la volonté de DIEU dit à Profecturus : « Quoique je souffre, je suis cependant bien, parce que je suis comme DIEU veut que je sois. Quand nous ne voulons pas ce qu'il veut, nous sommes coupables, puisqu'il ne peut rien faire ou rien permettre qui ne soit juste. »

Augustin, comme tous les grands hommes, s'est peint dans ses écrits et dans ses lettres, et l'on trouve dans sa correspondance une infinité de traits qui servent admirablement à faire connaître sa personne, son âme et son cœur. Si sa science a surpassé celle de tous les docteurs, son amour a aussi surpassé leur amour ; et il suffit de dire qu'il a su beaucoup sur DIEU, pour dire qu'il a beaucoup aimé, attendu que l'amour croît à proportion de la connaissance du bien. Il faut lire, parmi ses nombreux ouvrages, ses *Soliloques* et ses *Méditations* pour savoir quelle a été sa charité, et pour se sentir soi-même embrasé de ce feu de la très pure dilection qui lui arracha le cœur de la poitrine, et le mit dans sa main pour le consacrer à DIEU : « Transpercez mon cœur, dit-il dans ses *Méditations*, frappez-le des flèches de votre amour, et que mon âme puisse dire : « C'est votre charité qui m'a blessé (1) !.. »

Et pour montrer que DIEU l'avait exaucé, Augustin s'écrie dans ses *Confessions* : « Vous aviez blessé mon cœur de la flèche de votre charité, et mes entrailles demeuraient transpercées par vos paroles (2). »

« O mon DIEU, y dit-il encore, que celui-là est malheureux qui sait beaucoup, et qui ne sait pas ce que vous êtes ; mais heureux, mille fois heureux, celui qui vous connaît, quoiqu'il ignore toutes les autres choses du monde ! »

Quelques auteurs croient que JÉSUS-CHRIST, pour affermir l'amour que saint Augustin lui

1. Méd. XXXI, v. 10

2. Conf. IX, II.

portait, lui fit un jour, à trois reprises différentes, la même demande qu'à saint Pierre :

« Augustin, m'aimes-tu ?

— Vous savez, Seigneur, répondit le séraphique Docteur, vous savez que je vous aime, quoique mon amour soit indigne de vous ; mais comme vous méritez d'être aimé, faites que mon amour soit digne de vous !...

— Que ferais-tu pour moi ? reprit le Sauveur

— Je consentirais volontiers, poursuivit Augustin, à ce que le feu du Ciel descendît sur moi et me dévorât entièrement sur vos autels, afin d'être un holocauste agréable à votre divine Majesté !...

— Que ferais-tu encore pour moi ? continua JÉSUS-CHRIST ....

— Ah ! s'écria cet amant de la Beauté increéée, s'il se pouvait faire que je fusse DIEU, et que vous fussiez Augustin, je choisirais de tout mon cœur d'être Augustin afin que vous fussiez DIEU !.... »

De cet amour du Sauveur naissait dans l'âme du séraphique Docteur une ardente dévotion à la Très-Sainte Vierge, dévotion qui occupait une si grande place dans son cœur, qu'il hésitait parfois entre la contemplation des grandeurs de Marie et celle des souffrances de son divin Fils. Aussi a-t-il été souvent représenté, placé entre l'image de JÉSUS en croix et l'image de la Vierge Marie, et prononçant ces paroles :

« *Positus in medio, quo me vertam nescio ; hinc pascor a vulnere, hinc lactor ab ubere !* »

« Placé entre les deux, je ne sais de quel côté me tourner : ici, je suis nourri du sang de la plaie, là, du lait de la mamelle ! »

CHAPITRE ONZIÈME.

Lorsque saint Augustin fut élevé à l'épiscopat, il était dans toute la force de l'âge et du génie, et cette haute fonction donna à son zèle une nouvelle et admirable impulsion. L'Église d'Afrique avait à combattre de nombreux et dangereux ennemis, parmi lesquels se trouvaient ces Manichéens que le fils de Monique avait appris à connaître par une longue et douloureuse expérience ; aussi furent-ils le premier objet de sa sollicitude pastorale.

Pour saper d'un seul coup la base de cette secte, Augustin, dans ses ouvrages contre elle, distingue, indépendamment du péché originel, deux sortes de maux : celui de la peine et celui de la coulpe. « Dieu, dit-il, est la cause du premier sans cesser d'être bon, puisque sa bonté même lui fait punir ceux qui sont méchants ; et pour ce qui est du second, du mal proprement dit, et en particulier du péché, qui nous est personnel, chacun en est l'auteur par sa volonté. »

Fortunat, prêtre manichéen, essayant, à force

d'éloquence, de faire revivre ce monstre abattu, Augustin l'invita à une conférence qui eut lieu à Hippone, en présence du clergé et du peuple, pendant que des notaires écrivaient mot à mot tous les arguments énoncés et proposés de part et d'autre. Après deux jours de discussion, Fortunat demeura muet devant les raisons invincibles du saint Docteur et, honteux et confus, il sortit de la ville pour n'y jamais reparaître.

Les Manichéens étaient vaincus, mais de plus redoutables ennemis prirent leur place et obligèrent Augustin à les combattre pendant tout son épiscopat ; c'étaient les Donatistes.

On sait, par l'histoire ecclésiastique, que durant la persécution de Dioclétien, quelques évêques d'Afrique avaient eu la faiblesse de livrer les Saintes Ecritures aux payens. Mensurius, évêque de Carthage, étant soupçonné de ce crime, Donat, évêque des Cases-Noires, se sépara de sa communion sans s'assurer de la vérité de l'accusation. Ce schisme fit d'abord peu de bruit, mais, à la mort de Mensurius, en 311, l'orage éclata subitement. Le peuple de

Carthage présenta le diacre Cécilien à Félix, évêque d'Aptonge, en présence des autres prélats de la province, pour qu'il lui imposât les mains. Deux prêtres ambitieux qui aspiraient à la dignité en question, refusèrent alors de recon-

SUR SON LIT DE MORT, SAINT AUGUSTIN RENDIT LA SANTÉ A UN MALADE EN LE BÉNISSANT.

naître Cécilien pour leur évêque et entreprirent de faire annuler son élection.

Aidés de plusieurs personnes influentes de Carthage, ils contestèrent d'abord la validité de l'ordination du nouveau pontife, comme ayant eu lieu en l'absence des évêques de Numidie, dont ils prétendaient, sans aucun motif, que le concours était nécessaire ; et aussi, comme ayant été faite par un évêque *traditeur*, car ils accusaient faussement Félix, d'Aptonge, d'avoir livré les Saintes Ecritures aux payens. Ces deux prêtres s'adressèrent ensuite à Second, primat de Numidie, qui, se trouvant lui-même blessé de n'avoir pas été appelé pour cette ordination, s'empressa d'accourir à Carthage et d'y sacrer un prêtre obscur, nommé Majorin, attaché à la maison d'une matrone de la ville appelée Lucile. Puis, il écrivit de tous côtés des lettres pour détourner les fidèles de la communion de Cécilien. Mais celui-ci s'inquiéta peu de ces mesures, ne craignant ni Second, ni Majorin, parce qu'il se sentait pleinement justifié, étant uni de communion avec l'Eglise de Rome, centre de l'unité catholique.

Un concile tenu à Rome en 313, et un autre tenu à Arles l'année suivante, condamnèrent comme schismatiques Tigisi et les autres auteurs de ces désordres ; mais ceux-ci s'obstinèrent dans le schisme et tombèrent même bientôt dans de nouvelles erreurs, se vantant de composer à eux seuls la véritable Eglise, et enseignant qu'il fallait rebaptiser tous ceux qui ne faisaient pas partie de leur secte.

Lorsqu'Augustin monta sur le siège d'Hippone, ces hérétiques étaient fort nombreux et comptaient en Afrique plus de quatre cents évêques, partisans de leur fausse doctrine. Une fraction de leur secte, appelée *les Circoncellions*, était si barbare et si furieuse que ses membres tuaient ou mutilaient les fidèles qui avaient le malheur de tomber entre leurs mains. La cruauté et la haine des Donatistes se portèrent surtout sur le saint évêque d'Hippone, qui, par ses prédications et par la sainteté de sa vie, procurait de nouvelles et fréquentes victoires aux catholiques. Leur aveuglement alla si loin, que plusieurs d'entr'eux assurèrent publiquement en chaire que tuer Augustin serait faire un acte très méritoire devant DIEU, et que celui qui le mettrait à mort gagnerait l'indulgence plénière de ses péchés. Un jour, entre autres, le saint ne dut son salut qu'à l'erreur d'un guide qui se trompa de route, ou plutôt à la Providence qui veillait sur lui, et lui fit éviter les embûches de ses ennemis.

Saint Possidius, qui, de religieux du monastère d'Hippone, devint évêque de Calame, fut moins heureux et tomba un jour entre les mains des Donatistes, qui l'attaquèrent avec violence, le dépouillèrent de ses bagages et l'accablèrent d'injures et de mauvais traitements.

Augustin n'hésita pas à dénoncer au pouvoir civil l'évêque donatiste Crispin, qui fut condamné à payer une amende de dix livres d'or, suivant la loi de Théodose, loi remise en vigueur par Honorius; et cependant, cette intervention de la force dans la lutte contre les hérétiques, répugnait au cœur si bon de notre saint, qui eût souhaité ne se servir d'autres armes que de celles de la persuasion. Aussi, ce ne fut jamais que pour la défense des catholiques menacés dans leur tranquillité et dans leur vie, qu'il demanda l'application des lois édictées contre les hérétiques, lois qui les condamnaient aux amendes. Le Concile de Carthage, tenu en juin 404, envoya à l'empereur une députation présidée par Augustin lui-même, pour demander, comme complément de peine contre les Donatistes, la privation du droit de tester et d'hériter; mais cette peine ne devait atteindre que ceux dans le territoire desquels il se commettrait des violences contre les catholiques.

LE 28 AOUT 430, SAINT AUGUSTIN
REND SA BELLE AME A DIEU EN PRÉSENCE DE SES
RELIGIEUX LES ERMITES ET LES CHANOINES RÉGULIERS.

En sollicitant ces mesures sévères, on ne contraignait point à la foi par voie de politique, mais on invoquait le secours des lois pour protéger les intérêts, la liberté et la vie d'un nombre considérable de sujets de l'empire. D'ailleurs, les plaintes si justes des catholiques et de leurs pontifes, frappés, meurtris et dépouillés par les Donatistes, avaient vivement irrité l'empereur, qui n'eut pas de peine à accorder aux députés du Concile de Carthage tout ce qu'ils désiraient.

En même temps, Augustin obtint du prince une autre mesure qui s'alliait mieux avec les principes de mansuétude et de miséricorde qu'il eût désiré appliquer dans cette lutte contre l'erreur. Sur la demande du saint prélat, Honorius ordonna que les évêques donatistes se réuniraient avec les évêques catholiques, à Carthage, pour une grande conférence, où le tribun Marcellin représenterait l'Empereur. Cette assemblée eut lieu et on vit jusqu'à 159 évêques du parti de Donat et 286 évêques catholiques. La logique serrée d'Augustin y poursuivit l'erreur dans ses derniers retranchements avec une telle vigueur, que la plupart des prélats hérétiques reconnurent l'extravagance de leur secte et souscrivirent à la décision qui proclamait que l'Eglise catholique était la seule véritable, hors de laquelle il n'y avait point de salut.

Mais, pendant que les Donatistes, humiliés et vaincus, diminuaient et s'affaiblissaient en Afrique, une autre hérésie, plus dangereuse que la leur, s'élevait tout à coup et venait exercer de nouveau le génie et le zèle infatigable de l'évêque d'Hippone, par ses subtilités et ses mensonges.

Elle eut pour auteur le moine Pélage, né en Angleterre d'une famille pauvre, qui n'avait pu lui fournir les moyens de s'instruire dans les lettres ; mais les talents naturels qu'il possédait suppléèrent en partie à ce défaut d'études. Etant venu à Rome, après avoir embrassé la vie monastique, Pélage y acquit une grande réputation de vertu et s'y fit même un nom, en publiant un ouvrage sur la Trinité et un recueil de préceptes moraux tirés de l'Ecriture. S'étant procuré ainsi de nombreuses relations, il obtint l'amitié de saint Paulin de Nole et l'estime de saint Augustin ; puis se lia très particulièrement, vers l'an 400, avec un Syrien, nommé Rufin, qui, peut-être, n'est pas différent de Rufin d'Aquilée, désigné comme Syrien à cause du long séjour qu'il avait fait en Orient. Cette liaison entraîna Pélage dans les erreurs qu'il publia bientôt après sur la grâce et sur le péché originel. Cette fausse doctrine avait déjà été enseignée par Théodore de Mopsueste, qui l'avait lui-même puisée dans les principes d'Origène ; car, quoique ce dernier eût expressément reconnu la nécessité de la grâce, en plusieurs endroits de ses ouvrages, il y avait dans ses livres d'autres passages moins formels et moins clairs, pouvant donner lieu aux fausses interprétations des hérétiques. Son opinion sur la préexistence des âmes, en particulier, semblait pouvoir difficilement se concilier avec le dogme du péché originel, qu'il ne laissait pas, néanmoins, de reconnaître formellement.

Le principal disciple de Pélage fut Célestius, moine d'une naissance illustre, qui joignait à beaucoup d'esprit une hardiesse de caractère que son maître n'avait pas, et surtout une grande facilité pour parler et pour écrire.

Vers l'an 405, Pélage commença à dogmatiser, mais avec prudence et dissimulation, mettant toujours ses disciples en avant, pour les approuver ou les désavouer à propos, et déguisant si bien ses faux dogmes, qu'il passa pour orthodoxe au Synode de Diospolis.

Augustin découvrit le venin caché dans la nouvelle doctrine et désira voir le moine anglais avant d'écrire contre ses erreurs ; l'entrevue eut lieu à Carthage en 411, mais Pélage ne fit qu'un court séjour dans la capitale de l'Afrique et passa de suite en Egypte et en Palestine. C'est à cette époque que l'Evêque d'Hippone lui écrivit une courte lettre, en réponse aux louanges dont le moine hérétique l'avait comblé. Augustin l'y remercie de l'amitié qu'il lui a témoignée, lui souhaite les biens éternels et se recommande à ses prières ; mais on croit reconnaître dans ces lignes rapides une sorte de réserve, le simple accomplissement d'un devoir de politesse et comme une crainte secrète de trop s'avancer.

Célestius, désirant vivement être ordonné prêtre, se présenta à Aurèle pour recevoir l'imposition des mains. Mais il fut, en même temps, dénoncé comme hérétique par le diacre Paulin, et les accusations de ce dernier sur le disciple de Pélage étaient si graves, que l'évêque de Carthage crut devoir assembler un Concile dans cette ville, pour juger cette difficile et délicate question. Célestius soutenait, entre autres fausses doctrines, qu'Adam seul avait porté le poids de son péché, et que l'homme, en naissant, se trouve dans le même état qu'Adam avant sa chute, etc..., etc...

Les erreurs de Célestius furent reconnues et condamnées, et on envoya de Carthage un relevé des assertions qui avaient blessé les oreilles des catholiques, à l'Evêque d'Hippone, qui n'avait pas assisté au Concile, mais que l'admiration de l'Afrique chrétienne désignait d'avance pour répondre aux hérétiques (1).

Augustin employa dix années entières à cette réfutation des écrits de Pélage : il le fit avec une éloquence si admirable et dans un style si sublime que, comme dans le reste de ses ouvrages, il surpasse de beaucoup les autres Docteurs ; de même, il semb'e qu'en écrivant sur cette matière, il se soit surpassé lui-même. Saint Jérôme, ayant lu la réponse d'Augustin à

1. Poujoulat, ch. XXIX.

Pélage, ne voulut plus rien composer sur ce sujet, parce qu'il le trouvait épuisé par l'Evêque d'Hippone et qu'il avouait qu'il n'y avait plus rien à ajouter.

Bossuet (1) remarque que le grand Docteur de la grâce avait pressenti l'erreur pélagienne plusieurs années avant qu'elle ne parût en plein jour, et qu'il avait jeté les fondements de la condamnation de cette secte dans un sermon prononcé à Carthage peu de temps auparavant. « Il ne faut point, y disait-il, mettre en » question s'il faut baptiser les enfants ; c'est » une doctrine établie il y a longtemps, avec » une souveraine autorité, dans l'Eglise catho- » lique.

» Nos ennemis en demeurent d'accord avec » nous et il n'y a point en cela de question.

» ..... L'autorité de l'Eglise, notre Mère, le » montre ainsi ; la règle inviolable de la vérité » ne permet pas d'en douter ; quiconque veut » ébranler cet inébranlable rempart, cette forte- » resse imprenable, ne la brise pas, mais se

1. Déf. de la Trad. et des SS. Pères.

» brise contre elle... C'est une chose certaine,
» une chose établie... On peut souffrir des
» erreurs dans les autres questions qui ne sont
» point encore examinées, qui ne sont point
» encore affirmées par la pleine autorité de
» l'Eglise. On peut, dans cette occasion, sup-
» porter l'erreur ; mais il ne faut pas permettre
» d'en venir jusqu'à renverser le fondement de
» la foi... Les peuples mêmes auraient couvert
» de confusion ceux qui auraient osé le ren-
» verser ! (1)... »

Alaric ayant pillé Rome en 410, les païens renouvelèrent leurs blasphèmes contre le christianisme, sur lequel ils rejetaient les calamités de l'empire. Saint Augustin prit encore la plume et, pour réfuter ces fausses accusations, composa les vingt-deux livres *de la Cité de Dieu*, qui, commencés en 413, ne furent achevés qu'en 426. Le grand Docteur y montre, avec autant d'éloquence que de solidité, que ces terribles calamités n'étaient arrivées qu'à cause du culte des faux dieux et que le temple de saint Pierre,

2. Sermon CCXCIV.

avec tous les habitants qui s'y étaient réfugiés, avait été respecté par les barbares.

Augustin ne s'est pas contenté d'écrire pour combattre les ennemis de la foi, mais il a voulut aussi travailler pour l'Eglise universelle et pour

FUNÉRAILLES DE SAINT AUGUSTIN.

tous les fidèles, car les religieux, les ecclésiastiques, les vierges, les veuves, les laïques et les gens mariés, trouvent dans ses livres les maximes les plus solides pour leur conduite. En un mot, cet admirable génie a enrichi l'Eglise d'innombrables écrits, lui mettant ainsi en main d'invincibles et redoutables armes pour renverser ceux qui osent l'attaquer.

Il est doux pour l'historien d'un grand homme, dit Poujoulat (1), de pouvoir s'entourer des hommages rendus à sa mémoire et prêter l'oreille aux concerts des siècles. Ces voix, parties de haut, nous excitent à l'accomplissement d'une grave et laborieuse tâche et donnent à notre âme une sorte d'énergie mêlée de joie. On ferait un livre avec les témoignages imposants qui se sont produits depuis quatorze cents ans en l'honneur d'Augustin ; nous ne songeons donc point à tout recueillir, mais nous voulons nous en tenir seulement à quelques paroles, qui expriment les opinions des plus glorieux représentants des divers âges chrétiens.

Saint Paulin, évêque de Nole, intime ami de l'Evêque d'Hippone, dit dans une lettre qu'il lui écrit, qu'il est le sel de la terre, dont on assaisonne les cœurs pour les rendre incorruptibles ; une fournaise de charité, et un séraphin brûlant du feu de l'amour de DIEU.

1. Ch. XLV.

Isidore de Séville (1) écrit qu'Augustin a vaincu les études de tous ses prédécesseurs par sa science et par son génie.

Saint Remi, d'Auxerre (2), dit qu'il surpasse autant les autres Docteurs dans l'exposition des Ecritures, que le soleil surpasse les petits flambeaux qui s'allument au ciel, la nuit.

Saint Thomas d'Aquin, la gloire de l'Ordre de Saint-Dominique, proclamé l'Ange de l'Ecole, n'est autre chose dans le fond, dit Bossuet (3), et surtout dans les matières de la prédestination et de la grâce, que saint Augustin réduit à la méthode de l'École.

Enfin, les écrivains ecclésiastiques appellent l'Evêque d'Hippone le miroir des prélats, le maître de la théologie l'éclat de l'ordre sacerdotal, la lumière des Docteurs, l'ornement des évêques, le soleil de l'Afrique, le bouclier de la foi, le fléau des hérétiques, le temple de la Religion, le firmament de l'Église et la colonne inébranlable de la Vérité.

1. Etym. liv. VI, chap. VIII.
2. In Epist. II ad Cor.
3. Déf. de la Trad. et des SS. Pères, liv. VI, chap. XXIV.

CHAPITRE DOUZIÈME.

De tous les ouvrages que saint Augustin a composés, aucun ne lui a fait plus d'honneur que le livre de ses Rétractations, commencé en 428, dans la soixante-quatorzième année de son âge. Il y repasse tous les traités qu'il a faits jusqu'alors, avant et après son baptême, durant son sacerdoce et son épiscopat, et il les corrige avec beaucoup de sévérité, et avec tant d'exactitude, qu'il n'omet ni sentence, ni parole, ni syllabe. Cette révision de ses ouvrages est un grand examen de conscience philosophique, théologique et historique.

Pour se procurer le temps dont il avait besoin pour terminer le travail de ses Rétractations, saint Augustin engagea alors son clergé et son peuple à lui permettre de prendre un coadjuteur, et son choix tomba sur Eradius, qui était le plus jeune de ses prêtres, mais qui joignait, à une rare vertu, une prudence consommée.

La vie du saint Evêque s'avançait, et on eût dit qu'il en sentait approcher le terme ; déjà l'orage qui devait attrister si profondément ses dernières années, était sur le point d'éclater et grondait au loin. Le comte Boniface, qui gouvernait l'Afrique au nom de Rome, et auquel Valentinien III était redevable de sa souveraine puissance, avait pris, après la mort de sa femme, la résolution d'embrasser l'état monastique. Augustin l'en détourna, dans la persuasion qu'il rendrait de plus grands services à l'Eglise et à l'Empire en restant dans la haute position qu'il occupait. Mais peu après, Boniface, étant passé en Espagne, oublia ses bonnes dispositions et épousa une femme arienne, parente du roi des Vandales dont il s'attira ainsi l'amitié. Aétius, son rival, prit occasion de cette alliance pour rendre la fidélité du Comte suspecte à l'Impératrice Placidie, qui régissait l'empire pendant la minorité de son fils Valentinien.

Boniface se sentit perdu, et, furieux, il fit un traité avec deux rois Vandales pour marcher contre sa patrie. Il défit trois généraux que l'Impératrice envoya contre lui et se dirigea sur l'Afrique. Augustin lui écrivit alors pour le détourner de la trahison qu'il allait consommer, mais on ignore l'impression que firent les avis du grand Docteur sur l'esprit du Comte, qui sans doute s'était déjà trop avancé, et ne pouvait se retirer sans mettre ses jours en danger.

Quatre-vingt mille Vandales, sous la conduite de leur roi Genséric, passèrent donc alors d'Espagne en Afrique, au mois de mai de l'année 428.

Possidius, Evêque de Calame et intime ami d'Augustin, fut témoin oculaire de toutes les horreurs et de tous les ravages que commirent ces barbares, partout où ils passèrent. Les villes furent renversées, les maisons rasées, et tous les habitants qui n'avaient pu se dérober à leur fureur par la fuite, furent massacrés.

On n'offrait plus de sacrifices, ajoute Possidius, que dans les maisons particulières, et il n'y avait plus personne pour administrer les sacrements aux mourants. Les Vierges et les moines se sauvaient dans les bois et sur les montagnes, ou bien mouraient de faim dans les cavernes, au milieu des rochers. Ceux qui tombèrent vivants au pouvoir des barbares, périrent dans les tortures, ou ne furent conservés que pour gémir dans un cruel esclavage. Sur sept cents diocèses qu'il y avait en Afrique, on arriva à n'en plus compter que trois ayant échappé à la fureur des Vandales : Carthage, Hippone et Constantine.

Tous ces malheurs remplissaient d'amertume et d'affliction l'âme d'Augustin, mais ce qui le frappait le plus directement au cœur, c'est que les barbares ramenaient l'hérésie des Ariens, qu'il avait eu tant de peine à bannir. Il resta au milieu de son peuple, tâchant de le soulager et de le consoler : « Quand le troupeau souffre, disait-il, le pasteur ne doit pas s'en éloigner !... » Brisé de douleur devant les maux de sa patrie, le Saint attendit les Vandales qui vinrent enfin mettre le siège devant Hippone, qu'ils serrèrent de près par terre et par mer. Prévoyant les affreux et inévitables désastres qui allaient fondre sur sa ville, et le danger que courait le salut de tant d'âmes si chères, Augustin demanda instamment à Notre-Seigneur de lui accorder l'une de ces trois choses :

Qu'Il jetât la terreur dans les cœurs des ennemis, et leur fît lever le siège d'Hippone ;

Ou bien qu'Il donnât aux assiégés une résignation et une patience à l'épreuve des calamités qui les devaient affliger ;

Ou enfin qu'Il retirât sa pauvre âme, à lui, de cette vallée de misères, pour la faire jouir de la claire vision, de la divine Essence dans le Ciel !...

Ce fut aussi dans cette circonstance que le saint Evêque composa la belle prière qui commence par ces paroles : *Ante oculos tuos, Domine, culpas nostras ferimus*, prière que l'on trouve maintenant à la fin de tous les *Diurnaux*, et que le cardinal Jérôme Séripand, général de l'Ordre des Augustins, distribua au Concile de Trente où il était légat du Pape, après l'avoir tirée d'un ancien manuscrit.

Qui pourrait dire quelles douleurs endura alors le cœur de saint Augustin ?... Les larmes versées nuit et jour, dit l'office de sa fête, devinrent son pain ; et nous ne savons rien de plus touchant que cette parole de Possidius sur son vieil ami : « Augustin trouva que les derniers temps » de sa vie étaient bien amers et bien lugu- » bres ! »

« Nous conversions ensemble, ajoute l'Evêque » de Calame, nous considérions les terribles juge- » ments de Dieu placés devant nos yeux, et

» nous répétions avec le Psalmiste : *Vous êtes* » *juste, Seigneur, et votre jugement est droit.* » Tristes, gémissants, versant des larmes, nous » implorions le Père des miséricordes, le DIEU

TRANSLATION DES RELIQUES DE SAINT AUGUSTIN A PAVIE.

» de toute consolation, pour qu'il daignât nous » soutenir dans cette tribulation (1). »

Un jour, consumé de tristesse, et ne pouvant plus contenir sa douleur, Augustin dit aux Evêques et aux religieux qui l'entouraient :

1. Possid. chap. XXX.

« Mes frères et mes pères, prions, afin que ces malheurs cessent. »

Une autre fois, étant à table, il leur fit part de la prière qu'il avait adressée à Dieu pour demander ou la délivrance d'Hippone, ou la mort et le repos éternel pour lui.

— « Instruits des vœux de ce grand homme, » dit Possidius, nous, et tous ceux des fidèles » qui se trouvaient dans la ville, nous adres- » sâmes la même prière au Dieu tout-puissant, » et voilà que le troisième mois du siège, » Augustin se sentit pris par la fièvre. Sa » dernière maladie venait de l'atteindre, et le » Seigneur ne frustrait point son serviteur du » fruit de sa prière ! »

Etendu sur son lit de douleur, le vieil athlète du Christ, accablé par la fièvre, reçut la visite d'un homme qui lui amenait un malade, le suppliant de lui imposer les mains pour le guérir. — « Si j'avais quelque pouvoir sur les maladies, lui dit humblement le Saint, je commencerais par me guérir moi-même. » Mais le solliciteur insistant, et assurant qu'il avait eu une vision, et qu'il lui avait été dit en songe : « Va trouver

Augustin, il imposera les mains à ton malade et le guérira, » le doux Evêque céda et fit ce qu'on lui demandait. Aussitôt le Seigneur rendit la santé à ce malade qui s'en retourna plein de force et de vie.

Pendant ce temps, la fièvre qui consumait notre Saint augmentait de jour en jour ; aussi, dix jours avant sa mort, se sentant défaillir, il se munit soigneusement du sacrement de pénitence, sans lequel, disait-il, personne, quelque saint et innocent qu'il ait été, ne doit franchir le dernier pas ; puis il reçut le Saint Viatique.

A partir de ce moment, il fit défense que personne n'entrât dans sa chambre pour lui parler, excepté le médecin et l'infirmier, parce qu'il voulait s'entretenir avec Dieu sans distraction, et s'unir intimement à Lui par une profonde considération de ses grandeurs ; il commanda aussi qu'on lui écrivît en grosses lettres les Psaumes de la Pénitence, et qu'on les plaçât sur la muraille, du côté du lit, afin qu'il pût les lire à loisir pendant les derniers jours de sa vie.

Plus il approchait de sa fin, plus ce grand

Saint tournait ses regards intérieurs vers le Bien suprême qu'il chérissait, et vers le Port du Salut auquel il allait aborder. Il ne fit point de testament, parce que, dit Possidius, ce pauvre de Jésus-Christ n'avait rien dont il pût disposer ; il laissait néanmoins à l'Eglise deux choses de grande importance, deux précieux trésors : ses écrits, qu'il estimait si utiles au bien de l'Eglise, qu'il recommanda de les conserver avec un soin tout particulier, et ses monastères peuplés de religieux et de religieuses d'une vertu et d'une sainteté admirables. Et Dieu montra combien ces trésors lui étaient chers, lorsque l'année suivante les Vandales, ayant pris Hippone et l'ayant incendiée, épargnèrent la bibliothèque d'Augustin, où plutôt furent empêchés de la brûler par la Providence qui l'avait prise sous sa protection. Pour les couvents fondés par ce grand Evêque, et laissés en héritage à l'Eglise, ils la défendirent par leurs exemples, leurs prières, leur érudition contre les hérétiques, comme l'avait fait leur Père, et ils rendent encore aujourd'hui de sérieux et signalés services à cette Eglise, épouse du Christ.

Enfin la fièvre augmentant d'heure en heure, Augustin se recommanda à DIEU, à la Bienheureuse Vierge Marie, à saint Etienne, pour lequel il avait une particulière dévotion ; il exhorta ses religieux à défendre courageusement la foi catholique, et à garder inviolablement la Règle qu'il leur avait donnée, puis, avec autant de douceur et de tranquillité que s'il n'eût fait que passer de l'agitation au repos, et de la veille, et de la nuit, au sommeil et au plein jour, cet admirable Docteur, ce vaillant athlète du CHRIST, ce fidèle serviteur de la cause de DIEU, rendit sa belle et grande âme à son Créateur, le 28 août 430, à l'âge de 76 ans, au profond regret du monde entier qui l'avait tant admiré !

Victor d'Utique, en son histoire de la persécution vandalique, déplore ainsi la mort de saint Augustin :

— « Ainsi s'arrêta ce fleuve d'éloquence qui » se portait à travers tous les champs de l'Eglise ; » ainsi la douceur se changea en amertume ; » ainsi se retira la gloire des prêtres, le maître » des docteurs, le refuge des pauvres, l'appui » des veuves, le défenseur des orphelins, la

» lumière du monde ; ainsi se tut le grand pré-
» dicateur de la divine parole ; ainsi tomba le
» courageux combattant qui, par le glaive de
» sa doctrine dans la persécution, frappa l'hé-
» résie, cette bête aux cent têtes ; ainsi mourut
» l'architecte insigne qui étaya la maison de
» DIEU, instruisit par les exemples de ses bonnes
» œuvres, et travailla par la puissance de son
» avoir ; ainsi se coucha ce grand soleil de la
» doctrine, se dessécha ce fleuve de piété,
» mourut le rare phénix de la sagesse, brûlé par
» le feu sacré de l'amour ; ainsi fut transportée
» dans le Ciel la perle des docteurs ! (1)... »

L'invasion des Vandales ayant forcé un grand nombre de catholiques à se réfugier dans la ville d'Hippone, plusieurs évêques s'y trouvaient réunis au moment de cette mort glorieuse, et rendirent honneur à celui qui avait été jusqu'à sa dernière heure, leur lumière et leur guide. Les barbares assiégeants ayant ralenti alors leurs attaques, on put donner aux obsèques de saint Augustin toute la solennité convenable ; le

1. Victor Ut. *De pers. Vandal.*, c. X.

Saint Sacrifice de la Messe fut célébré en présence de ses dépouilles sacrées, et on ensevelit ensuite ce corps vénérable avec le pieux et profond respect dû aux choses saintes.

CHAPITRE TREIZIÈME.

La gloire et l'honneur accompagnent toujours et d'autant plus la vertu, qu'elle en est plus détachée, et qu'elle fait de plus grands efforts pour les éviter. C'est ce qui parut sensiblement en saint Augustin : il ne craignait rien tant que la gloire, il s'efforçait de se cacher, de s'humilier, et Dieu s'est plu à faire connaître au monde ses rares vertus et ses éclatants mérites.

L'imagination, dit Poujoulat (1), donne des proportions idéales aux grands hommes qui furent des Saints ; elle croit les voir flotter entre ciel et terre, n'aspire qu'à connaître leurs paroles, et se les représente comme des archanges voyageurs. N'y a-t-il pas, en effet, un palpitant intérêt dans la peinture des mœurs, des habitudes, des vertus d'hommes tels que fut l'Evêque dont nous racontons la vie ? Aussi, voudrions-nous donner ici quelques traits de la physionomie d'Augustin, de sa physionomie morale surtout, car pour son visage, son intime ami et son fidèle biographe, Possidius, ne nous en dit rien ;

---

1. Chap. XXXI.

c'était la chose dont les Saints s'occupaient le moins ! Mais, malgré ce silence, l'image du fils de Monique est parvenue jusqu'à nous, par une espèce de tradition empruntée à des

LES RELIQUES DE SAINT AUGUSTIN SONT DÉPOSÉES DANS L'ÉGLISE DE SAINT-PIERRE *in Cœlo Aureo,* A PAVIE.

tableaux des anciennes églises de Rome et de Constantinople.

« Il nous est souvent apparu, ajoute Poujoulat (1),
» avec la robe noire et le capuchon des cénobites

1. Chap. XXXI.

» d'Orient ; la tête rasée en couronne, à la » manière des moines, et portant une longue » barbe, comme les religieux d'Asie. Les rides » qui avaient été creuseés de bonne heure sur » son large front, attestaient les méditations pro- » fondes ; le feu du génie, tempéré par une » expression de bonté, étincelait dans ses yeux ; » la bienveillance la plus tendre adoucissait » l'âpreté de sa figure africaine, qui offrait un » constant mélange de douceur, de gravité et de » recueillement. Il devait avoir de la maigreur » dans les traits, car il fut délicat toute sa vie, et » l'ardente continuité du travail semblait seule » soutenir la fragilité de ses jours. »

Possidius nous apprend qu'Augustin conserva toujours, pendant son épiscopat, sa modestie, sa gravité, et son humble simplicité de religieux.

L'Evêché d'Hippone avait plus de quarante mille écus de revenu, et cependant on ne vit pas le saint Prélat plus richement vêtu, ni plus magnifiquement accompagné qu'auparavant. Sa chaussure et son lit n'étaient ni trop soignés, ni trop négligés ; il ne portait jamais d'habits de soie, mais ses vêtements étaient simples, et convenables à la pauvreté religieuse dont il faisait profession.

Quand on lui donnait quelque robe de prix, il avait honte de la porter, et la faisait vendre, afin d'employer au soulagement des pauvres l'argent qui lui en revenait. Par-dessus le linge, Augustin portait seulement une tunique de laine noire, une ceinture de cuir, et un manteau qu'il appelait *byrrhus* ; ses ornements pontificaux étaient, eux aussi, d'étoffe d'un prix médiocre ; sa mitre même n'était que de toile. Cette mitre est conservée, avec la crosse du grand Docteur, dans le couvent de son Ordre (1) à Valence en Espagne ; ces deux précieuses reliques y ont été transportées de Sardaigne, afin que l'héritage d'un si admirable Père, dit le Pape Martin V, revînt à ses légitimes enfants. Comme nous l'avons déjà dit dans cette vie, la table d'Augustin était des plus humbles et des plus frugales ; on n'y servait que des herbes et des légumes, à moins qu'il ne s'y trouvât des malades ou des étrangers ; les vases, urnes et ustensiles étaient en bois, en

1. Les Ermites de Saint-Augustin.

terre cuite, en marbre ou en étain ; les cuillères seules étaient d'argent.

La lecture faite pendant les repas, comme la sentence écrite sur les murs de la salle, y maintenaient la plus exacte charité, ainsi que nous l'avons raconté plus haut.

Augustin ne voulut jamais acheter ni maison, ni métairie ; il ne recevait point les héritages qui étaient légués, par testament, à son Eglise, au préjudice des enfants, parce qu'il ne pouvait approuver que ceux-ci en fussent privés et frustrés. Cependant, il ne refusait point les autres libéralités qu'on lui faisait pour le soulagement des pauvres, mais c'était avec tant de désintéressement qu'il était toujours prêt à s'en dépouiller. Une personne ayant transporté à son Eglise le domaine d'une terre, et lui ayant mis entre les mains l'acte de sa donation, s'en repentit quelques années après, et le pria de lui rendre son contrat. Le Saint y consentit volontiers, mais en remontrant néanmoins que le procédé n'était guère chrétien, et qu'il fallait faire pénitence de s'être ainsi repenti d'avoir fait une bonne œuvre, et d'avoir voulu reprendre à Dieu une chose qui lui avait été offerte sans aucune contrainte.

Cette générosité facile d'Augustin donna occasion au peuple de murmurer contre lui, sous

SAINT AUGUSTIN APRÈS SA MORT REND LA SANTÉ A PLUSIEURS MALADES.

prétexte que c'était faire tort aux pauvres, et refroidir la dévotion des fidèles envers l'Eglise, que de rejeter les legs pieux qu'on lui faisait par testament ; mais le saint Evêque, afin de montrer la droiture de son intention, s'en expliqua publiquement dans un sermon où, après avoir traité ce sujet, il conclut par ces paroles : « Quiconque déshéritera son fils pour faire l'Eglise son héritière, peut chercher un autre qu'Augustin pour accepter l'héritage ; et je prie même Dieu qu'il ne se trouve personne qui veuille recueillir sa succession. »

Il ne blâme pourtant point ceux qui laissent quelque chose à l'Eglise, pour faire prier à leur intention, mais seulement ceux qui, par caprice, et par une dévotion indiscrète et intolérable, disposent de tous leurs biens en faveur de l'Eglise, déshéritant ainsi, sans sujet, leurs enfants et leurs parents (1). — « L'Eglise, disait ce grand Docteur, l'Eglise n'a de l'argent que pour le distribuer, et non pour le garder ; c'est une cruauté indigne d'un cœur de père, tel que doit être celui d'un Evêque, d'amasser des biens, tandis qu'il repousse la main du pauvre qui lui demande l'aumône. »

Et, mettant ces conseils et ces enseignements en pratique, il arriva à ce charitable Pontife de faire briser et fondre les vases d'or et d'argent

1. Mgr Guérin, *Les petits Bollandistes*, tom. X.

du service divin, pour en soulager les captifs et les indigents. Et lorsqu'il manquait entièrement de ressources et avait épuisé toutes les inventions de sa charité, il montait en chaire et avertissait le peuple de sa pauvreté, et de l'impuissance où il se trouvait de secourir les nécessiteux, invitant alors les fidèles à faire eux-mêmes d'abondantes aumônes.

Le trait frappant de la physionomie morale d'Augustin était bien cette charité ardente qui sortait de son cœur embrasé pour s'élever vers Dieu, l'objet de son fervent amour, et retomber ensuite sur le prochain, comme sur un frère dans le Christ ; car cet admirable Docteur n'a jamais séparé la théorie de la pratique ; son cœur a reçu les mêmes impressions que son esprit ; et, comme il avait d'admirables connaissances de la Divinité, ainsi sentait-il pour elle de merveilleuses ardeurs.

Le bien étant l'objet de la volonté, celle-ci ne le voit pas plus tôt qu'elle s'y porte par amour; et, plus ce bien est excellent et souverain, plus elle en est éprise, attendu que l'amour croît à proportion de la connaissance du bien; et si l'intelligence comprend ce bien autant qu'il est connaissable, et le représente à la volonté autant qu'elle le connaît, alors la volonté l'aime autant qu'il est aimable. Bien souvent, malheureusement, la science ne donne que de brillantes lumières à l'esprit sans exciter le feu de la divine charité, mais il n'en était pas ainsi d'Augustin. Tout ce qu'il y a de plus éclatant dans les honneurs, de plus doux dans les délices de la vie, de plus avantageux dans les faveurs de la fortune, de plus charmant dans la conversation des hommes, tout cela lui paraissait indigne du moindre désir de son cœur ; et il proteste, dans ses écrits, que cette profonde science qui lui avait attiré tant d'admirateurs, lui aurait été insupportable, si elle ne l'eût conduit à une union plus intime avec Dieu.

On n'a qu'à lire ses *Méditations*, ses *Soliloques*, son *Manuel*, non seulement pour se persuader qu'Augustin a beaucoup su et beaucoup aimé, mais même pour être touché des flammes dont il était embrasé. — « Recevez ce cœur, ô mon cher » Maître, s'écrie-t-il dans une méditation, déco- » chez contre lui toutes les flèches de votre divin

» amour ! Oh ! que ces blessures me seront
» douces et aimables ! Oh ! que je serai glo-
» rieux, si mon âme peut dire un jour : J'ai
» été allaitée de votre charité !... »

Et comme s'il avait été exaucé, le Séraphique Docteur dit dans ses Confessions : « Vous
» aviez dardé dans mon cœur une flèche
» d'amour, qui l'avait pénétré si avant, que
» le fer en est demeuré dans la plaie !... »

Quelques auteurs, appuyés sur ces paroles d'Augustin, ont cru que son cœur avait effectivement reçu l'impression des plaies de Notre-Seigneur.

L'illustre Gilles Romain, général de l'Ordre des Ermites, précepteur de Philippe le Bel et archevêque de Bourges, croit aussi que ce fervent amour de l'Evêque d'Hippone fut récompensé dès cette vie par la claire vision de l'Essence divine, et que cet admirable Saint en fut favorisé dans un ravissement qu'il eut à Ostie.

Augustin pouvait donc dire avec l'Apôtre : « Je vis, mais ce n'est plus moi qui vis, c'est Jésus-Christ qui vit en moi !... »

« Et certes, écrit le Père de Saint-Martin (1), pour ce qui est de la vie que donne la grâce, on tient que, depuis qu'il l'eut reçue par l'application de l'eau du Baptême, il ne la perdit jamais par aucun péché mortel. Et quant à la vie corporelle, il est vrai qu'il mourut, comme meurent tous les hommes, mais il est aussi certain que son cœur, qui fut le principe de sa vie, a été vu se mouvoir longtemps après son trépas, comme s'il eût été encore animé de son âme raisonnable.

» C'est pourquoi, après plusieurs grands hommes dignes de foi, je désire faire part à mes lecteurs d'un prodige qu'ils racontent sur le cœur de saint Augustin, et ce, avec les mêmes termes que nos historiens le rapportent, tirés mot à mot des anciens livres et des histoires d'Allemagne, sans y porter rien de moi qu'une naïve et fidèle traduction.

» Ils disent donc que saint Sigisbert, Évêque » de Lurudun, demandait instamment à Dieu » qu'il lui plût de lui donner quelque relique du » saint corps de ce bienheureux Prélat, qu'il

1. *Vie de saint Augustin*, ch. LXII.

» avait en singulière vénération ; et, comme il
» redoublait un jour, en sa chapelle, sa pieuse
» demande, il s'endormit soudainement devant
» l'autel. Et voilà que tout-à-coup, il vit en
» songe un ange resplendissant d'une clarté
» merveilleuse, qui s'acheminait vers l'autel,
» portant en ses mains une fiole de cristal,
» laquelle ayant posé avec révérence sur l'autel,
» il s'en vint à Sigisbert et lui dit : — Sigisbert,
» dors-tu ? Auquel ayant demandé qui il était :
» Je suis, dit-il, l'ange gardien du bienheureux
» Augustin, jadis Evêque d'Hippone, lequel
» étant décédé, je pris, par le commandement de
» Dieu, son cœur, (car il savait bien à qui il
» avait résolu de le donner !) que j'ai garanti de
» la pourriture et des vers : n'étant pas bien
» séant que le cœur qui avait eu des sentiments
» si doux, si subtils et si profonds de la Sainte
» Trinité, cédant à la loi commune des autres,
» fût mordu de la corruption.

» Levez-vous donc, Sigisbert, et prenez ce
» riche trésor de la Sainte Trinité, ce lit pré-
» cieux sur lequel repose l'Eglise, cette forte-
» resse des affligés, cet arsenal de l'Ecriture

» Sainte, et conservez soigneusement ce rare
» dépôt que DIEU vous a destiné.

» Là-dessus, le bon Evêque s'éveilla, et
» montant à l'autel, y trouva le cœur tout frais
» et vermeil, enchâssé dans le cristal, suivant ce
» qu'il avait vu, ce dont il remercia DIEU très
» dévotement. Le peuple accourut en foule pour
» être témoin de ce spectacle, et ce fut lorsque
» l'Evêque eut enjoint au clergé d'entonner,
» en actions de grâces, le *Te Deum laudamus*,
» que se passa ce que je vais dire. Quelle mer-
» veille inouïe! quel prodige!... Que vais-je
» dire? Comme on chantait le verset : *Sanctus*,
» *Sanctus*, *Sanctus*, *Dominus Deus Sabaoth*,
» voilà que ce cœur, que l'amour animait encore,
» commença de se remuer dans le cristal et
» ouvrir la bouche comme pour louer DIEU,
» comme s'il eût dit : O glorieuse Trinité, si je
» vivais encore en mon corps, combien volon-
» tiers vous louerais-je par mon chant, par mes
» prédications et par mes écrits!

» Ce qu'ayant vu le clergé et tout le peuple
» en rendirent grâces à DIEU, et donnèrent
» de très dignes louanges à saint Augustin,

» disant de toute l'étendue de leur affection :
» O saint Augustin, lumière de l'Eglise, priez
» pour nous.

PENDANT QUE LES HABITANTS DE TOLÈDE
FONT UNE PROCESSION POUR ÊTRE DÉLIVRÉS DU FLÉAU
DES SAUTERELLES, SAINT AUGUSTIN
APPARAIT ET PRÉCIPITE LES INSECTES DANS LE TAGE.

» Le même miracle se renouvelle tous les ans
» à la fête de la Sainte Trinité, lorsqu'on chante
» la Messe, et qu'on expose le cœur sur l'autel;
» lequel, à la vue de tous, commence à respirer, à

» bondir, et à se mouvoir comme le poisson » dans l'eau (1). »

Quelques auteurs anciens ajoutent qu'aucun hérétique ne pouvait entrer dans l'église pendant le temps que ce cœur était exposé sur l'autel ; aussi a-t-on dit qu'il lançait encore des foudres après sa mort, et que si quelque hérétique voulait pénétrer dans l'enceinte sacrée pendant cette cérémonie, il tombait comme foudroyé sur le seuil du temple. C'est de ce fait qu'a pris naissance l'allégorie représentant saint Augustin avec un cœur à la main, et terrassant à ses pieds l'hérésie mourante (2).

Augustin de Jesu de Castro, archevêque de Prague et Primat des Indes, raconte qu'ayant reçu du Pape Grégoire XIII l'ordre de visiter les couvents Augustins de la province de Bavière, il trouva dans le monastère de Munich une petite châsse en argent, contenant un cœur de fer entouré d'un cercle d'or et de cette

1. Hier. Rem. I. p. chron. c. 35.

2. Lud. de Angelis, lib. VI.

inscription : *Cor admotum vero cordi S. Augustini, ferreum propter nimiam ejus constantiam et aureum propter inflammatam ejus charitatem ;* c'est-à-dire : Cœur appliqué sur le vrai cœur de saint Augustin : de fer par sa grande constance, et d'or pour sa charité enflammée..... D'où l'Ordre des Ermites a pris le sujet de ses armes, qui se composent d'un cœur percé d'une flèche et entouré d'une ceinture avec la mitre, la crosse et le chapeau d'Evêque au-dessus.

Ajoutons en terminant que le cœur de saint Augustin, percé pendant sa vie des flèches de l'amour de Dieu, n'en ressentait jamais plus doucement les atteintes qu'au saint exercice de l'oraison ; alors la profondeur de sa méditation, l'ardeur de sa flamme, l'enlevait parfois à la terre et à ce qui l'entourait. La tête inclinée, il ne voyait et n'entendait plus rien autour de lui. Le bienheureux Jourdain de Saxe en rapporte un mémorable exemple : une très honnête femme, ayant été injustement accusée par des imposteurs, eut recours à saint Augustin pour lui demander conseil. Trouvant la porte de la maison épiscopale ouverte, elle entra jusque dans le cabinet du Prélat sans être annoncée, et le salua profondément. Celui-ci semblant ne pas la voir et ne lui disant rien, elle s'approcha, et commença à lui exposer le motif de sa visite. Mais Augustin était tellement absorbé dans le mystère qu'il contemplait, qu'il ne bougea pas, et la pauvre femme fut obligée de se retirer confuse et désolée. Le lendemain, venant à l'église pour essayer de nouveau de voir le Saint, elle le trouva célébrant la Messe, et elle assista à l'office avec une grande ferveur ; au moment de l'Elévation, elle fut tout à coup ravie en esprit devant le trône de Dieu, et y aperçut le saint Prélat méditant encore profondément le mystère de la très adorable Trinité, puis elle entendit une voix qui lui disait : « Hier, quand tu as voulu consulter Augustin, il se trouvait enlevé dans la contemplation de la Trinité Sainte ; son esprit était absent de sa chambre, tandis que tu lui parlais, et voilà pourquoi il ne t'a pas répondu, et ne s'est même pas aperçu de ta présence. Retourne chez lui, et tu le trouveras bon et compatissant ! » Cette femme obéit à la voix du Ciel, revit le saint Evêque et reçut de lui le conseil qu'elle désira et qui la consola extrêmement (1).

1. Jourdain de Saxe, *Vitæ fratrum.*

CHAPITRE QUATORZIÈME.

AVANT de fermer ce livre, tout parfumé des admirables vertus du grand Patriarche de l'Ordre de Saint-Augustin, nous voudrions ajouter un mot sur Hippone, et sur le rôle que jouèrent les premiers Ermites dans la persécution des Vandales.

La ville épiscopale d'Augustin, veuve de son Évêque, résista onze mois encore aux attaques de ses barbares assiégeants ; mais ayant inutilement demandé et attendu du secours, les habitants, se voyant abandonnés de Rome, se décidèrent, par une résolution pleine de douleur, à fuir leur ville. Quoi de plus triste que le spectacle d'un peuple s'arrachant pour toujours à ses foyers et aux lieux pleins du souvenir de ses aïeux, de sa vie, de ses gloires ?... Quelle amertume dans ces adieux adressés sans espoir de retour, aux demeures, aux murs, aux collines, à tout ce qui avait fait partie de l'existence de chacun ?... Et combien l'affliction devenait plus cruelle à la pensée que la cité si chère que tous abandonnaient, allait tomber sous les coups de ses redoutables ennemis ! En effet, le silence d'Hippone déserte et solitaire, fut bientôt interrompu par le pas des barbares qui mirent le feu à la ville, et les flammes dévorèrent cette cité tant aimée de saint Augustin, cette cité où il avait tant prié, tant écrit, et d'où sa puissante parole s'en allait porter la vérité à travers le monde !.... Il y a quelque chose de mystérieux et de touchant dans la destinée d'Hippone. Son époque la plus belle est celle de l'épiscopat d'Augustin, et le monde ne se souvient de la ville africaine que parce qu'il se souvient de son grand Évêque ! Saint Augustin meurt, et Hippone périt aussi ! Cette cité était comme la chaire d'où le savant Docteur se faisait entendre à l'univers : du moment que la chaire devint vide de son immortel Pontife, elle tomba..... et depuis ce temps, Hippone ne s'est point relevée. On dirait que la seule destinée de cette ville a été de servir de demeure à saint Augustin ; et si dans les temps futurs elle sort de son tombeau, ce sera pour redevenir le témoin de la gloire du beau génie qui aura reparu sur ses collines (1).

1. Poujoulat, ch. LV.

De tous les fleuves de sang qui baignèrent alors la terre d'Afrique, le plus large coula des veines de la famille Augustinienne, dont les membres, formés à l'école du grand Patriarche, dirigeaient presque toutes les églises de la contrée. Qu'on nous permette de donner ici le nom de quelques-unes de ces fleurs embaumées, moissonnées par la faux des Vandales.

Maxima, jeune esclave d'un de ces riches barbares, avait persuadé à Martinien et à ses trois frères, esclaves comme elle dans la même maison, de fuir la persécution, et de s'enfermer dans un monastère. Ils sortirent donc tous de la ville à l'aide des ténèbres : Martinien et ses frères, pour aller frapper à la porte du couvent de Trabaque, où la règle de saint Augustin était en pleine vigueur ; Maxima pour s'enfermer dans un monastère d'Augustines. André, vertueux personnage qui gouvernait la maison choisie par les quatres fugitifs, les reçut avec une sainte joie dans la nouvelle milice, et les enrôla sous cette bannière salutaire et bénie. Mais, grande fut la fureur du Vandale quand il apprit la fuite de ses esclaves. Sur ses ordres, de rapides et nombreux messagers se mirent en toute hâte à leur poursuite, et bientôt la retraite des fugitifs fut découverte, et ceux-ci, ramenés à leur maître, chargés de chaînes.

Le roi Genséric, en étant informé, ordonna au Vandale de mettre tout en œuvre pour vaincre la constance des martyrs. On les battit alors avec de gros bâtons taillés en forme de scies, qui les mettaient tout en sang, et les déchiraient jusqu'à découvrir leurs entrailles ; puis, par un inconcevable raffinement de cruauté, voyant qu'ils respiraient encore, on les jeta dans un cachot, pour laisser cicatriser leurs plaies, afin de les tourmenter de nouveau et de redoubler leurs souffrances en les ravivant.

Notre-Seigneur ne laissa pas ses fidèles serviteurs sans secours ; Il leur apparut dans la prison, toucha leur plaies, et les guérit entièrement au contact de sa main divine. Le lendemain, les gardes furent bien étonnés, en pénétrant dans le cachot, de voir les martyrs se promener en chantant les louanges de DIEU. A cette nouvelle, la fureur du Vandale fut à son comble ; il fit saisir Maxima, et emprisonner ses pieds dans de fortes entraves pour l'écarteler ; mais l'instrument du supplice s'étant rompu soudain à la vue de la foule assemblée, ce barbare n'osa plus la tourmenter, et lui ouvrit les portes de la prison. Cette Vierge intrépide se hâta de profiter de sa liberté pour rentrer dans son cher couvent, où elle fut élue Supérieure, et vécut saintement jusqu'au jour de l'éternelle récompense.

Pendant ce temps, la vengeance divine s'étendit sur la maison du persécuteur, qui fut enlevé subitement par une mort honteuse, et suivi au tombeau, peu de temps après, par tous ses enfants. Restée seule, sa veuve tomba dans la plus effrayante misère, et offrit Martinien et ses trois frères à un proche parent de Genséric, nommé Sérason. Mais à peine les esclaves martyrs ont-ils franchi le seuil de la demeure de leur nouveau maître, que les fils et les serviteurs de celui-ci sont saisis par le démon et frappés de délire par la vengeance divine. Cet homme effrayé raconta la chose au roi, qui ordonna d'envoyer Martinien et ses compagnons à Capsur, roi de Mauritanie.

A peine entrés dans les domaines de ce nouveau maître, les bienheureux exilés prêchèrent aussitôt l'Evangile avec une ardeur et un courage invincibles, et décidèrent que l'un d'entre eux tenterait de s'échapper, de traverser le royaume et d'aller jusqu'à Rome, pour demander au Pape des évêques et des prêtres dont avaient besoin les chrétiens que leurs prédications venaient de faire entrer dans le sein de l'Église (1).

Un des martyrs, ayant réussi, en effet, à s'évader, fut accueilli avec joie par le Souverain Pontife, qui accéda à ses désirs et envoya des missionnaires en Mauritanie : une église fut bâtie, et une multitude de barbares baptisés. Capsur ayant informé Genséric de ces innombrables conversions, dues aux zèle des exilés, ce prince sanguinaire sentit renaître sa fureur contre ces héros ; il les fit reprendre, puis attacher, pieds et mains liés, à des chariots, que des chevaux fougueux devaient entraîner à travers une

1. Il faut bien remarquer que généralement les moines, au IV° siècle, n'étaient point prêtres. Les monastères étaient alors comme un séminaire, ou mieux, une pépinière d'évêques. C'est là que l'on allait arracher à leur chère solitude des hommes voués entièrement à la pénitence : aussi il ne faut pas s'étonner si l'Eglise était alors si florissante.

forêt de ronces et d'épines. Au milieu de leurs tourments, les généreux martyrs africains s'encourageaient encore les uns et les autres, en disant : « DIEU a rempli nos désirs ; c'est ainsi que l'on arrive au royaume des Cieux !...... » C'était le 16 octobre 456......

Mais cette persécution barbare avait comblé la mesure des crimes de Genséric, qui fut lui-même frappé par la mort, après 37 ans de règne. Son fils aîné, Hunéric, lui succéda, et hérita à la fois de son trône et de sa haine contre le catholicisme. Par politique et par ruse, il fit d'abord presque cesser la persécution, et essaya de vaincre les fidèles par l'appât des faveurs et des honneurs ; puis, glissant bientôt sur la même pente que son père, pente vers laquelle l'entraînait son caractère despote et farouche, il recommença les violences et les cruautés de Genséric à l'égard des catholiques, portant de préférence ses coups dans les rangs du clergé et dans les monastères.

Il y avait alors à Capse, ville forte de Numidie, un couvent habité par sept religieux Augustins dont l'histoire nous a gardé les noms : c'étaient

Libérat, prieur ; Boniface, diacre ; Serf et Rustique, sous-diacres ; Rogat, Septime et Maxime, simples moines dont le dernier n'était que novice. Comme les premiers chrétiens de Jérusalem, dont saint Augustin a voulu renouveler la vie au sein de l'Église, ces sept frères ne formaient qu'un cœur et qu'une âme, et vivaient parfaitement unis par le grand esprit de douceur, de charité et de sainte cordialité qui régnait entre eux. Le monastère de Capse était le vrai foyer de la vie chrétienne dans toute la contrée, et les fils spirituels de l'Évêque d'Hippone, par leurs vertus et leur apostolat, exerçaient autour d'eux la plus salutaire influence. Mais DIEU ne se contenta pas de leur zèle, il leur donna occasion de le déployer sur un plus vaste théâtre en les appelant au martyre.

Un jour, des troupes d'hommes armés viennent frapper à la porte du couvent, arrachent les moines de leurs cellules, les conduisent à Carthage, et les font comparaître au tribunal du roi barbare. Celui-ci essaie d'abord d'ébranler leur constance par de séduisantes promesses, en leur offrant tout ce qui peut avoir du charme pour le cœur humain, s'ils consentent à abjurer le catholicisme et à embrasser l'arianisme. Mais les fils d'Augustin rejettent avec horreur les insidieuses propositions d'Hunéric, et lui répondent par ce cri de foi, tombé jadis des lèvres de l'Apôtre : « Un seul Dieu, une seule foi, un seul baptême !.... » Ces paroles, prononcées à l'unanimité avec un accent de céleste courage, irritèrent le tyran, qui fit aussitôt jeter ses captifs en prison, chargés de lourdes chaînes. Le peuple fidèle, plein d'admiration pour ces héros de la foi, parvint à gagner leurs gardes par des présents, et put ainsi les visiter, et recevoir leurs instructions pour s'encourager lui-même au martyre.

Hunéric , informé de ce qui se passait, et rempli de colère, commanda alors de charger un vaisseau de bois sec, d'y dresser un bûcher et d'y mettre le feu lorsque les bienheureux y seraient attachés. Une foule immense couvrait le rivage ; l'agitation tumultueuse et confuse de ces milliers de spectateurs ressemblait au bruit de la mer en furie, lorsque tout à coup une voix forte, dominant celle de la multitude, fit retentir les airs du joyeux et céleste cantique : *Gloire à Dieu au plus haut des Cieux, et paix sur la terre aux hommes de bonne volonté !* C'était celle de Libérat, le vaillant chef de cette héroïque milice.

— Voici donc arrivée l'heure que j'ai si impatiemment attendue, continua le diacre Boniface ; voici le jour plus heureux pour moi que toutes les fêtes des rois !...

Et tous alors de reprendre dans un unanime et ravissant concert de foi et d'amour : « *Un seul Dieu, une seule foi, un seul baptême !..* »

Parmi ces sept nouveaux Machabées, Maxime, le plus jeune, qui n'avait que sept ans, fit l'admiration de toute la foule :

« Pourquoi, mon enfant, lui dit un soldat, » cours-tu précipitamment à la mort, dans un » âge aussi tendre que le tien ?... »

« Je ne crains ni le feu, ni l'épée, répondit » Maxime ; qui pourrait me séparer de mon père » Libérat et du reste de mes frères ?.... N'est-il » pas juste que nous professions ensemble ce » que nous avons appris à la même école ? Dieu » nous a réunis sept : faut-il profaner ce nombre

» sacré que les Machabées ont autrefois scellé
» de leur sang ?... Je préfère mille fois mourir
» que de vivre un seul jour séparé de mes
» frères. »

Tels étaient, ajoute le Père Simplicien de Saint-Martin, le ramage et le gazouillement de ces oiseaux du Paradis, déjà captifs dans les griffes des vautours qui allaient les dépecer.

On les fit monter sur le vaisseau et attacher sur le bûcher où on mit le feu. Mais semblable à la voile d'un navire qui se gonfle au souffle du vent, la flamme forma d'abord un cercle embrasé autour des martyrs, puis se replia sur elle-même en s'évanouissant comme une ombre, sans laisser aucune trace. Les bourreaux essayèrent en vain de la raviver, en l'alimentant d'une quantité de paille, de sarments et de résine ; trois fois ils la rallumèrent, trois fois elle fut étouffée par la divine puissance.

Huneric, furieux autant que confus, fit assommer les sept moines à coups d'aviron, et ordonna que leurs corps, attachés à d'énormes poids, fussent précipités à la mer. Mais Dieu veillait sur les glorieuses depouilles de ses athlètes, et leur destinait un tombeau plus auguste que l'immensité des abîmes ; l'Océan ne les garda point dans son sein, mais, dociles à la voix du Ciel, les flots rejetèrent sur le rivage ces corps vénérables. Les chrétiens, accourus en foule, les recueillirent avec respect, et leur donnèrent la sépulture dans le monastère des Augustins de Biga, qui fut heureux et fier d'offrir à ces saintes reliques de frères une hospitalité digne de leur invincible courage.

Près de trois mille religieux Augustins moururent pour la foi pendant la persécution des Vandales, et ces glorieux trépas furent, pour la famille naissante du grand Patriarche d'Hippone, un gage de magnifique prédestination, car le sang des chrétiens, le sang des moines surtout, est dans l'Église de DIEU un sang qui rajeunit, vivifie et féconde !

APPENDICE.

COUVENTS DE L'ORDRE DES ERMITES DE SAINT-AUGUSTIN ACTUELLEMENT EXISTANTS.

PROVINCE ROMAINE.

Couvent de Saint-Augustin *(Rome).*
Couvent de Sainte-Marie-del-Popolo *(Rome)*
Couvent de Sainte-Monique *(Rome) Noviciat.*
Genazzano.
Viterbe.
Bracciano.
Castel-Gandolfo.
Acola.
Citta-di-Pieve.
Suriano.
Nepi.
Tolfa.
Corneto.
Cervetero.
Villa-Mario.
Cave.
Anagni.
Ripi.
Carpineto *Noviciat*
Maenza.

PROVINCE DES MARCHES.

Recanati.
Bologne.
Tolentino.
Fermo.
Amandula.
Arcevia.
Castelfidardo.
Cartoceto.
Mondulfo.
Matelica.
Montecassiano.
Offida.
Pesaro *Noviciat.*
Sarnano.
Sant-Angelo-in-Pontano.
Monte-Giorgio.

PROVINCE DE LA HOLLANDE.

Amsterdam.
Newendam.
Utrecht (Saint-Augustin).
Utrecht (Sainte-Monique) *Noviciat.*
Eindhoven *Noviciat.*

COMMISSARIAT DE LA BELGIQUE.

Gand *Noviciat.*
Anvers.

PROVINCE DE L'OMBRIE.

Pérouse.
Gubbio.
Lucques.
Fabriano.
San Gemini.
Terni.
Foligno.
Cassia.
Pergola.
Montefalco.

PROVINCE DE BAVIÈRE.

Münerstadt *Noviciat.*
Wirceburg *Noviciat.*
Fährbrück.
Germershausen.

PROVINCE DE BOHÊME.

Prague *Noviciat.*
Rocow.
Boh-Lip.
Tust.
Belen.

PROVINCE DE NAPLES.

Naples.
San Giovanni a Teduccio.
Mateola.
Soleano.
Monte-Scopuloso.

PROVINCE DE SICILE.

Palerme.
Terranova *Noviciat.*
Naro.
Regalbuto.
Sant'Antonio.
Marsala.
Catane.
Sciacca.
Caccanco.

Caltagirone.
Vizzini.
Castiglione.
Caltabellotta.
Militello.
Villa-Rocca.
Troina.
Aggira.
San-Marco.
Adrano.
Centoripe.

PROVINCE DE TOSCANE.

Florence.
Borgo a Buggiano *Noviciat.*
Pise.
Livourne.

PROVINCE DE POLOGNE.

Cracow *Noviciat.*

PROVINCE D'IRLANDE.

Dublin.
Galway.

Cork.
Limerick.
Ballyhaumis.
New-Ross.
Drogheda.
Orlagh *Noviciat.*
Callan.
Grantstown.
Dungarvan.
Fethard.
Londres.
Hithe.
Rome (St-Patrice)
Queensland (Australie).

PROVINCE DE GÊNES.

Gênes.
Savone.
Celle.
Sturla *Noviciat.*

PROVINCE DU MEXIQUE (Nord).

Los Angelos *Noviciat.*
Chalma.
Atlixco.
Metztitlan.
Malinalco.

PROVINCE DU PÉROU.

Lima *Noviciat.*

PROVINCE DES ILES PHILIPPINES.

Manila *Noviciat.*
Cebri.
Guadalupe.
Nouvelle-Ségovie.
Tambobou.
Isabella.
Batangas.
Bulcan.
Nova-Ecije.
Pampanga.
Tarlae.
Ilocos.
Union.
Abra.
Sépanto.
Tiagan.
Bontoc.
Quiangan.
Iloilo.
Capiz.
Antique.
Mandaloya.

Nova Cáccres.
Hu-Nan (Chine).
Madrid (Espagne).
Valladolid (Espagne) *Noviciat.*
La Vid (Espagne) *Noviciat.*

PROVINCE D'ESPAGNE.

Valence *Noviciat.*
Cabella *Noviciat.*
Calahorra *Noviciat.*
Saint-Jean-de-Portorico.

PROVINCE DU MEXIQUE (Sud)

Juriria *Noviciat.*
Santa-Maria-de-Gratia-Morelia.
Quérétaro.
Salamanca.
Guadalaxara.
Potoso.
Patzcuaro.
Durango.
Celaya.
Cuitz.
Moroleon.
Uriangato.
Huandacareo.

PROVINCE DE QUITO.

Quito *Noviciat.*
Latacunga.
Guayaquil.

PROVINCE DU CHILI.

Santiago *Noviciat.*
Civita-Serena.
SS[ma] Concezione.
Falca.
Melpilla.
San-Ferdinando.

PROVINCE DE COLOMBIE.

Facatativa *Noviciat.*
Bogotà-de-Santa-Fé.
Bojacà.

PROVINCE DE MALTE.

La Valette.
Rabato *Noviciat.*
Gozo.

PROVINCE DES ÉTATS-UNIS.

Pensylvania *Noviciat.*
Philadelphia.
Lawrence (Massachusetts).
Chestnut-Hill.
Atlantic-City.
Bryn-Mawr.
Lansingburgh.
Hoosick-Falls.
Cambridge.
Mechanivoille.
Shaghticoke.
Carthaginem.
Haverford.
Andover.
Waterford.
Greenwich.

PROVINCE DU SACRÉ-CŒUR DE JÉSUS.

Monastère royal de l'Escurial *Noviciat.*
Collège royal de l'Escurial Alphonse XII.
Collège Marie-Christine.
Majorque.

CONGRÉGATION DE SAINT-JEAN A CARBONARA.

Naples *Noviciat.*
Sainte-Madeleine (Naples)
Andria.

CONGRÉGATION DE SAINTE-MARIE DU BOIS.

Palerme.
Canicatti.

FRANCE.

Nantes *Noviciat*

TABLE DES MATIÈRES.

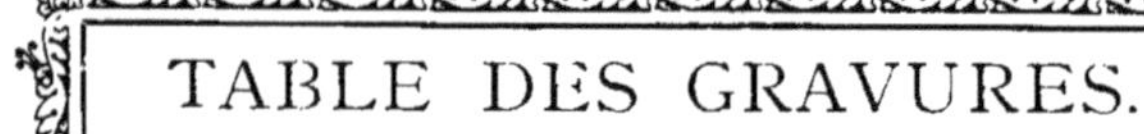

TABLE DES GRAVURES.

www.ingramcontent.com/pod-product-compliance
Ingram Content Group UK Ltd.
Pitfield, Milton Keynes, MK11 3LW, UK
UKHW020248180726
13839UKWH00001B/237